服务型制造、IT 能力与制造
企业服务创新绩效

赵益维 著

科学出版社

北京

内 容 简 介

中国制造业的结构优化必须提质增效,从生产型制造向服务型制造转变。当前学术界对服务型制造和服务创新相关理论多为定性研究,信息技术(IT)发展迅猛,已经成为制造业服务化发展的强大动力,但IT只有转化为IT能力才能为企业带来竞争优势,IT能力对制造企业的服务创新发挥着重要作用,但其内部影响机理尚不明确。本书结合中国制造企业服务创新发展现状,借助知识管理、组织学习、企业能力等理论来研究服务型制造和制造企业服务创新相关机理,深入挖掘IT能力对制造企业服务创新绩效的影响,拓宽现有研究领域,是对管理科学与工程学科在服务创新领域研究的拓展和深入,为制造企业服务化策略的制定提供有针对性的启迪和帮助。

本书可供致力于中国制造业发展的学者、研究生、政府官员和企业管理者阅读和参考。

图书在版编目(CIP)数据

服务型制造、IT能力与制造企业服务创新绩效 / 赵益维著. —北京:科学出版社,2017.5

ISBN 978-7-03-052472-0

Ⅰ. ①服… Ⅱ. ①赵… Ⅲ. ①制造工业–工业企业管理–研究 Ⅳ. ①F407

中国版本图书馆 CIP 数据核字(2017)第 068846 号

责任编辑:李 敏 杨逢渤 / 责任校对:邹慧卿
责任印制:张 伟 / 封面设计:无极书装

科 学 出 版 社 出版
北京东黄城根北街 16 号
邮政编码:100717
http://www.sciencep.com

北京京华虎彩印刷有限公司 印刷
科学出版社发行 各地新华书店经销
*
2017 年 5 月第 一 版 开本:720×1000 B5
2018 年 1 月第三次印刷 印张:11 1/2
字数:250 000
定价:80.00 元
(如有印装质量问题,我社负责调换)

前　言

在过去的四十年中，世界经济从产品生产到服务出现了稳定转变，经济服务化的趋势已成为不可阻挡的时代潮流，服务对全球经济的驱动作用越来越明显，服务经济日益成为主导，在大多数工业国家，服务占据着就业和产量的大部分。服务经济是以服务活动为主导经济活动类型的特定经济发展阶段，这一阶段中服务产品的生产形成经济活动的主体，与此同时服务业成为经济中的主要产业部门后，便出现服务型社会。在服务型社会中，各个行业及部门，生产与消费、经营与管理都以服务为理念、手段和目的，现有的各个产业都成为服务的一部分，制造业概莫能外。生产性服务在持续发展的同时不断促进制造业的增长，制造业和服务业逐渐相互融合、相互依赖，两者的边界也越来越模糊，制造企业通过为客户提供产品全生命周期服务而产生稳定收益，服务型制造应运而生。服务型制造是面向服务的制造和基于制造的服务的融合，以达到制造企业高效创新之目的，而服务创新是制造企业开展服务型制造模式的主要推动方式，制造企业的服务创新逐渐演变成为发展的重要牵引力，同时也是满足社会需求的一种方式和提升产业竞争力的途径。制造企业依托实物产品而进行的服务创新成为服务化转型的具体实施策略，国家大力推动制造业的服务创新，鼓励制造企业开展服务型制造。2015 年 5 月国务院印发的《中国制造 2025》作为中国实施制造强国战略第一个十年的行动纲领，其中就强调中国的制造业要进行结构优化，必须坚持推动生产型制造向服务型制造转变，走提质增效的发展道路，服务型制造已经成为制造业的主流发展方向。

当前学术界对服务型制造和服务创新相关理论大多是从定性角度开展研究，而服务创新的研究领域和研究内容交叉性较强，目前相关定量研究还很少见到。信息技术（IT）发展迅猛，已经成为制造业发展的强大动力，但 IT 只有转化为IT 能力才能为企业带来竞争优势，IT 能力为制造企业的服务创新发挥着重要作用，但其内部的影响机理还不明确。本书结合中国制造企业服务创新发展现状，借助知识管理理论、组织学习理论、企业能力理论等来研究服务型制造和制造企业的服务创新相关机理，深入挖掘 IT 能力对制造企业服务创新绩效的影响，拓展了现有的研究领域，是对管理科学与工程学科在服务创新领域研究的拓展和深入，在实践上为制造企业服务化策略发展政策的制定提供有针对性的启迪和帮助。

本书分为 7 章。

第 1 章为绪论部分，主要介绍本书的研究背景、研究目的、研究内容、研究意义，阐明本书的研究思路和研究方法。

第 2 章研究知识管理视角下的服务型制造创新机制和服务型制造网络资源整合模式，将知识管理导入服务型制造创新过程中，创建知识管理视角下的服务型制造创新机制，构建服务型制造的创新学习机制；分析服务型制造网络的运作特征，并运用约束理论来构建资源整合决策模型，提出服务型制造网络资源整合决策优化方法。

第 3 章对 IT 能力、制造企业服务创新和组织学习等相关理论基础进行整理，从价值链角度来界定 IT 能力和组织学习这两个概念的内涵和特征。同时，结合典型的制造企业服务创新实践，对制造企业的服务创新和服务创新绩效从概念上进行界定，明晰其内涵，对服务创新绩效从研究构面上进行划分，回顾制造企业服务化战略的相关研究，分析支持制造产品的服务化战略和支持客户活动的服务化战略的差别。

第 4 章是开展多案例研究，结合相关理论提出研究假设，即选取五个典型的制造企业，对案例企业的 IT 能力、组织学习和服务创新绩效逐一进行分析，并对案例项目的数据分析结果进行汇总，结合相关理论构建 IT 能力影响制造企业服务创新绩效的初步概念模型假设，对组织学习的中介作用和服务化战略的调节作用提出假设。

第 5 章和第 6 章是进行研究设计并进行实证分析检验，即根据初步概念模型假设，设计调查问卷，并在中国内地的制造企业中开展问卷调查；对回收的数据进行描述性统计、信度和效度检验，以分析数据的可靠性和一致性；采用结构方程模型方法和回归分析方法进行实证分析检验，挖掘 IT 能力影响制造企业服务创新绩效的内部机理，以及组织学习在其中所发挥的中介效应。

第 7 章对研究的主要工作进行总结，分析其管理启示、创新之处及局限性，并展望未来研究。

本书以我的博士论文作为基础，在此特别感谢西安理工大学的陈菊红老师，作为我的博士生导师，她对我的博士论文从开题到答辩，都提出了非常多的宝贵意见和建议，整个博士论文的顺利完成都离不开陈菊红老师在研究思路和研究方法上的指引。同领域的专家和学者给予了作者很大的支持，他们是西安理工大学的党兴华老师、扈文秀老师、李随成老师、杨屹老师、张雅琪老师，西北工业大学的杨乃定老师、西安交通大学的郭菊娥老师、山西师范大学的高文军老师，江苏大学的罗建强老师，山东理工大学的史成东老师，河南省交通规划勘察设计院有限责任公司的郭福利先生；实务界的人士和政府官员也为本书提供了大量有益的建议与案例线索，其真知灼见也为作者所钦佩，他们包括通用电气（中国）有限公司副总裁许正先生，西安陕鼓动力股份有限公司的孙为平先生，陕西柴油机重工有限公司的张雷先生，西安高级职业技术培训中心的陈树主任，陕西省人力资源与社会保障厅工资福利处的谢思敏处长等，在此谨向学术界、实务界以及政府官员表达作者的谢意。

本书的实证研究部分需要做大量的问卷调查，感谢那些帮助作者进行问卷调查的同学、同事、亲戚、朋友以及填写问卷的企业界人士！本书在撰写过程中参考了国内外有关的文献资料和研究成果，限于篇幅，书中所列的参考文献不尽完整，如有疏漏，谨向作者致歉，并在此表示感谢！由于事务繁忙，时间仓促，调查研究还不充分，加之作者本身水平有限，书中的不足之处，请专家和读者批评指正！

本书作者长期从事服务型制造、制造企业服务创新相关研究，主持和参与国家级、省厅级多项研究课题，本书的研究是作者多年研究成果的凝聚，姚树俊老师、王浩鸣老师对本书进行了补充、修改和完善，在此表示感谢。

本书可供理论工作者、管理类的本科生与研究生、政府中的政策管理和研究人员、企业中从事信息管理、产品研发和服务创新活动的相关人员进行阅读和参考使用。

本书的出版得到西安财经学院 2016 年学术著作出版基金的资助，以及西安财经学院信息学院的支持和帮助，在此表示感谢！

赵益维

2016 年 10 月

目　　录

第1章 绪　论

本章首先论述研究背景和研究目的，然后介绍 IT 能力与制造企业服务创新绩效关系研究的具体内容和研究意义，最后阐述研究思路和研究方法。

1.1　研究背景

1.1.1　现实背景

1. 服务经济时代的制造企业实施服务型制造模式以满足客户需求

当前，经济的服务化趋势已成为不可阻挡的时代潮流。服务经济是以服务活动为主导经济活动类型的特定经济发展阶段，可以认为是一个国家从以农业产品和工业产品的生产为主转为以服务产品的生产为主（姚为群，1999），而服务经济社会的出现则是相对于人类社会发展历史上的另外两个阶段，即农业社会和工业社会而言的。服务经济社会是在部分国家的工业化全面完成之后，服务产品的生产形成了经济活动的主体，与此同时服务业成为经济中的主要产业部门后便出现服务型社会。在服务型社会中，各个行业及部门，生产与消费、经营与管理都以服务为理念、手段和目的，现有的各个产业都成为服务的一部分，人们的生产与生活既离不开服务又体现为服务（孙希有，2010），服务将构成经济增长与发展的动力，从而成为服务型社会的核心要素。

在经济结构的战略调整方面，发达国家正在从制造业向服务业进行转移，借助服务业的发展来增强制造业的竞争力，并努力实现经济从"硬"向"软"的转变。我国作为一个发展中国家，一方面，在大力发展服务业，依靠服务业竞争力的增强来提升整个国家的竞争力；另一方面，我国作为制造业大国，制造业在经济结构中占据着重要位置，随着社会化分工的不断加深，生产性服务在持续发展的同时不断促进制造业的增长，制造业和服务业逐渐相互融合、相互依赖，两者之间的边界越来越模糊（Pappas and Sheehan，1998；陈宪和黄建锋，2004；Pilat and Wolfl，2005）。我国的制造企业已经逐渐意识到单纯制造产品的竞争非常激烈，并且主要受到价格的驱动，客户成为市场竞争的关键环节，由于服务是服务提供方使用自身的资源和知识为客户创造价值和收益的过程，它以客户价值（效用）最大化为目标，服务的边际利润要高于商品的边际利润，制造企业通过为客户提供产品全生命周期服务而产生稳定收益，正因为此，许多的制造企业都开展了服务型制造，而服务型制造是面向服务的制造和基于制造的服务的融合，从而达到高效创新的目的（Marceau and Martinez，2002），而服务创新是制造企业开展服务型制造模式的主要推动方式，制造企业依托实物产品而进行的服务创新成为服务化转型的具体实施策略。

在服务型制造中，企业所提供的产品服务系统是一种创新战略，借助这种创新战略，制造企业将重点从仅仅设计和销售物理产品转向设计和销售能够共同满足特定客户需求的产品和服务上（Manzini and Vezolli，2003），形成以服务为基础的战略，而客户价值的创造者既包括服务提供商和网络合作伙伴，也包括客户。在服务型制造中，由于涉及多个制造网络中的角色，如制造企业、供应商、分销商和客户，这些角色以制造企业为核心，通过信息技术进行联系，在典型的制造企业中，信息技术具有广泛的应用，主要涉及制造企业的内部和外部应用两个方面。在企业内部，涵盖诸如办公自动化（OA）、企业资源计划（ERP）、计算机辅助作业（CAD、CAM、CAE①等）、物料资源计划（MRPⅡ）、SAP R/3 系统、企业网站运营、容灾备份系统等方面，而在外部联系方面则涵盖客户关系管理（CRM）、呼叫中心、供应链管理（SCM）、远程监控系统等方面。总之，信息技术已经与制造企业密不可分，但是理论和实践也同时表明，信息技术极易被竞争对手模仿，制造企业如果仅仅依靠孤立的信息技术则难以取得竞争优势，信息技术只有内化成为制造企业的能力，即 IT 能力时才能发挥出更大的作用，推动服务创新。

2. 服务创新是制造企业能否获取竞争优势的关键要素

国内外学术界和企业界对于企业的生存和发展问题进行过许多探讨，并发现创新具有重要的作用，彼得·德鲁克曾经用"不创新即灭亡"来凸显创新对企业生存的重要性，随着创新意识的增强，企业为了赢得市场竞争逐渐重视并开展创新活动。创新涵盖下面的五种情况：一是引入一种新的产品，二是引入一种新的生产方法，三是在某个领域里开辟一个新的市场，四是获取原材料或半成品的新来源，最后一种创新是通过体现或综合各种知识来生产新产品、新流程或新

---

① CAD 为计算机辅助设计（computer aided design）的简称；CAM 为计算机辅助制造（computer aided manufacturing）的简称；CAE 为计算机辅助工程（computer aided engineering）的简称。

服务。

对企业而言，服务是凭借某种工具、设备、设施和媒体等所做的工作或进行的一种经济活动，是向客户提供满足其某种特定需求的活动，而在制造企业中服务的产生则与物质产品相关，能够为客户增加价值，并主要以活动形式所表现的使用价值或效用。服务经常被许多服务部门和制造企业视为主要的增长地带（Jacob and Ulaga，2008）。1985 年之后对创新的研究，特别是对服务创新的研究吸引了学术和商业研究的注意力（Paulson，2006）。服务创新主要体现在服务导向下的创新综合应用上，服务创新是生产新产品、新流程或新服务以解决客户问题，这个过程需要许多有形资源（如有形实物、资金等）和无形资源（如信息、知识等）。服务创新活动发生的范围并不仅仅局限在服务业内部，在其他产业和部门中也会大量产生，服务创新能够发生在服务业、制造业内部以及非盈利性的公共部门之中。在技术中竞争优势的减少和产品相对利润的减少使得以产品为导向的企业很难单纯利用产品来创造收益，制造业企业对服务的不断关注是应对商品化、在核心产品市场中赢利下滑的关键（Spohrer and Maglio，2008；Vargo and Lusch，2009）。特别需要注意的是在传统的制造企业中，随着服务经济的到来，也在向"制造+服务"过渡，即进入制造企业的服务化转型进程，依靠产品服务系统取得竞争优势。有学者用服务转变战略来描述并解释制造企业的服务转变过程（Fang et al.，2008），这种服务转变战略是制造企业开展服务型制造的实现方式。

服务创新是制造企业能否获取竞争优势的关键要素。在服务创新中，借助对服务组织和工作环境的创新设计和改进，能够持续提高员工的职业满意度，从而提升员工的服务效能和服务产品的价值，最终则会实现客户满意和客户忠诚。服务创新能够从概念创新、交互界面创新、服务流程创新和技术选择创新这四个方面深刻影响制造企业。首先，服务概念上的创新能够直接推出新产品，并且为企业构建全新的利润中心；其次，服务交互界面上的创新能够直接为客户带来完全不同的感觉，提高客户的满意度，并且从远期来看，能够推动客户忠诚机制的建立，从而实现较长时期内的客户价值；再次，借助服务流程创新能够产生全新的管理方式，同时提高生产效率及客户满意度；最后，经由正确的技术选择上的创新，企业能够产生新的管理方式和新的产品，从而实现多重综合效应。

3. 制造企业的服务创新依赖于 IT 能力

20 世纪 40 年代至今，以计算机技术、通信技术和传感技术为代表的现代信息技术，使得人类对信息资源的开发和利用摆脱了之前那种迟缓、分散的方式，取而代之的是高效率、专业化和多样化的现代方式。现代信息技术的应用并不仅限于技术层次，还影响到企业的管理模式和组织结构。

在制造企业中，信息技术涉及研发、生产、销售、内部管理、外部连接等多个方面，可以认为制造企业中信息技术的应用过程就是制造业信息化的过程。制造企业中的信息技术应用从 MIS（管理信息系统）、CAD/CAM 到 MRP/ERP，从CIMS（计算机/现代集成制造系统）、PDM（产品数据管理）、SCM 到 CRM，再到企业的网络服务中心、多媒体呼叫系统和专业化服务流程，大量实践证明 IT 的应用已经成为现代社会发展的强大动力。制造企业的服务创新绩效是企业竞争优势的重要体现，竞争优势的根源则存在于企业内部（方润生，2005）。描述资源特性的能力观回答了"企业为什么不同"以及"企业如何获取和保持竞争优势"这两个基本问题。根据资源基础理论的观点，资源是分析企业的基本单位，而竞争优势的创造则需要制造企业综合利用资源以形成组织的能力，这种能力是基于信息的、专属于企业的有形和无形的过程，能力通常要经过一段较长的时间，经过复杂的交互才能形成（吴增源，2007）。由于企业的能力是竞争对手难以模仿和复制的，所以企业的 IT 能力能够为企业带来竞争优势，产生更高的利润（Bharadwaj，2000），制造企业的服务创新过程应用到多种的信息技术，从融入个性化设计服务的 CAD 和 CAM 到能够分析客户服务需求的 CRM，从更快响应客户服务需求的 SCM 到支持售后服务的远程监控系统，制造企业的服务创新实现过程依赖于 IT 能力，并产生相关的绩效。

1.1.2　理论背景

1. 服务型制造

在过去四十年中，世界经济在稳定转变，服务的驱动效应愈加明显，在很多工业化国家中服务经济都成为了主导，服务业提供了大量的就业机会，同时也形成了比较高的产量（Jacob and Ulaga，2008）。服务经常被许多服务部门和制造企业看做是主要的经济增长地带（Paulson，2006），正因为此，开展服务型制造对我国的产业结构升级具有重要而积极的意义。一方面，发展服务型制造有助于实现我国经济增长方式的转型；另一方面，服务型制造也是制造企业通过强化服务来摆脱同质化竞争，以形成产品差异性，强调制造企业通过服务而不是通过价格进行竞争的重要手段（孙希有，2010），服务型制造模式强调嵌入于制造中的服务，服务必须不断进行创新才能满足客户的需求。自从 1978 年 Gershuny 首次在关于自助服务经济的研究中提出服务和创新的关系之后，企业界在不断强化服务，学术界对服务创新的研究也不断深入。

在技术中竞争优势的减少以及相对产品利润的减少使得传统上以产品为导向的制造企业已经很难单纯地利用产品来创造收益，制造企业对服务的持续关注是应对商品化和核心产品市场中赢利下滑的关键（Vargo and Lusch，2004；Spohrer and Maglio，2008）。在服务型制造模式下，通过服务创新进行产业升级和结构调整，充分发挥服务的导向作用，使服务型制造成为制造企业取得可持续竞争优势的有效方法（Aurich et al.，2006）。Fang 等（2008）用服务转变战略来描述并解释企业的服务创新过程，研究认为当服务营业额占总营业额的20%～30%时会出现来自服务的持续性回报临界点。服务创新过程的出现以企业的服务导向为前提，在形成更高的客户价值和竞争优势时，客户支持服务的发展与产品导向到服务导向的转变两者之间密切关联，客户支持服务则意味着制造企业必须具有密切的客户关系和良好的客户业务知识，制造企业不仅要关注生产产品，还要注重提高生产率以及最大化产品相关流程（Mathieu，2001；Jacob and Ulaga，2008）。制造企业围绕有形产品进行服务开发和延伸，从最初的基于交易的以产品为内核的客户关系进行延伸，此时的供应是不完整供应，后来逐渐发展到基于相关性的客户关系的完整供应，而这种方式主要是通过捆绑和拓展产品和（或）服务的策略来实现的，以这种方式不断满足客户需求（赵益维等，2013），对产品和（或）服务进行捆绑后作为一个整体向客户供应，从而为客户创造价值（Stremersch and Tellis，2002；Kowalkowski et al.，2009）。采用技术能力以获取潜在优势则是制造企业创造新服务的另一种方式，学者们对通过技术提高绩效已达成共识。尽管如此，引入以技术为基础的服务由于需要以技术上的解决方案替代与客户间的私下交往，这可能会引起客户的潜在抵触而受到一些企业的质疑，客户可能会对新服务的财务利益产生怀疑（Bitner et al.，2000）。此外，由于产品服务系统的日益复杂，信息处理的难度也不断增大，供应商必须熟悉客户的整个流程，才能为客户提供满足其实际需要的产品服务系统。可见，以技术来推动产品和服务，最终借助产品服务系统而不是单纯的技术系统来创造价值已经构成了制造企业服务创新的趋向。

2. 制造企业服务创新和服务创新绩效

（1）制造企业服务创新

随着服务成为制造企业创造优先客户价值和发展竞争优势的关键因素，国内外学者对服务型制造模式中企业服务创新的研究也在不断深入。在制造业内部，正在发生一场革命，由服务所产生的销售量以及边际利润持续增长，通过向客户提供产品相关的服务以及客户支持服务，制造企业从产品生产者转变为客户支持方案提供者（Oliva and Kall，2003），这种转变是通过提供产品相关服务、客户支持服务和相应服务的组合，使得客户在使用产品的过程中确保产品有效运作时间和收益达到最大化，而且减少了客户对有形产品的总拥有成本。

当前制造业增加值创造的重点已逐渐转向了服务要素，基于服务创新的差异化竞争手段使得制造企业另辟蹊径地获取竞争优势，并逐渐形成服务增强型的产品和服务（Wietze and Tom，2002），其实质是形成企业独具特色的服务型制造模式。制造企业具有产品和服务两种价值导向，在产品导向下的企业是通过加强服务属性来增加价值，其内核是产品，在这种导向下服务能够使产品更好地为客户创造价值，服务发挥着创造价值的辅助作用；而在服务导向下的客户价值则是源自服务，产品附属于服务，因此产品构成了服务的载体（Cook et al.，2006）。制造企业所提供的产品服务系统是一种创新战略，在这种创新战略中制造企业将重点从仅仅设计和销售物理产品转移到设计和销售能够共同满足特定客户需求的产品和服务上。满足客户功能需求或"效用"是产品服务系统的主要目标，制造业的服务创新是制造商的角色由产品提供者向服务提供者转变的动态过程（Prahalad and Ramaswamy，2004）。学者们将制造企业的服务创新划分为六种类型，包括重大创新、创始业务、提供新产品、产品改进、产品线扩展和产品形式的改变（Gebauer et al.，2008a）。制造企业实施服务创新的战略包括提供售后服务、提供客户支持服务以及发展互动伙伴等（Gebauer et al.，2008b）。制造企业的服务创新包括三种模式，分别是开发与企业产品相关的服务、发展面向特定关系的服务以及为客户提供整体解决方案（Gebauer，2008），与此同时，伴随着模式上的过渡和转变，制造企业对相关客户业务了解程度上的持续深入，能更清楚地把握客户的需求，这使得服务的针对性更强（赵益维等，2013），从而对服务创新也提出了更高的要求。针对服务创新成功率较低的原因，Cooper 等（2007）和 Brentani（2001）指出了影响企业服务创新成功的 11 个因素，Ozyilmaz（2001）又从这 11 个因素中提取出 4 项作为影响所有类型企业服务创新成功的因素，这 4 项因素分别为有形实物支撑、服务体验、服务传递和实施、产品/市场契合。

（2）服务创新绩效

类似于企业经营活动以及经营效果的评价，创新绩效是一个重要的评价指标。Storey 和 Kelly（2001）曾经指出，如果不能从概念上清晰地理解新服务产品和新服务开发的成功，就无法有效地评价新服务开发绩效的影响因素。为衡量企业的服务创新活动是否达到了预期目标，有必要对其结果进行评价，即衡量服务创新绩效。服务创新绩效是服务创新的重要组成部分，但评价服务企业的创新绩效比评价传统有形产品的绩效更加困难，因而确定服务创新绩效的内涵和衡量指标成为需要研究的关注点。服务创新绩效衡量指标不等同于技术创新绩效衡量指标。与一般企业绩效评价相比，服务创新绩效的测量除共性之外又有其独特性，服务产品所具有的"无形性""生产和消费的同时性""易逝性""不可储存性"，使得对服务创新绩效的评价远比有形产品的绩效评价困难得多。服务创新绩效是绩效理论在服务创新领域的应用，平衡计分卡的引入使得服务创新的绩效研究具有了可操作性和直观性。Hsueh 等（2010）认为服务创新绩效包括服务创新结果和服务创新过程两部分，服务创新结果包括财务（获利率、成本）、竞争力（市场占有率、市场目标完成、企业形象）、品质（在竞争对手中，服务/产品的竞争力），而服务创新过程则包括标准成本（服务/产品开发成本）、有效性（新服务被客户接受的比例）和速度（服务从开发、投入到被企业接纳的时间）。

在制造企业服务创新绩效的影响因素方面，学者们曾对基于多案例的质性数据进行研究后提出了影响我国制造企业服务创新绩效的六个方面因素（张若勇等，2010；赵益维，2013），其中涵盖了创新性、先动性及风险趋向、资金能力、技术能力、管理能力和网络能力，并且环境不确定性具有调节作用，顾企交互由于能够使得制造企业加深对客户的了解而影响着组织向客户学习的动机和行为，因此顾企交互会影响到服务创新绩效。

3. IT 能力

资源基础理论认为资源是分析企业的基本单位，但是，制造企业要创造竞争优势，就必须综合利用其内外部资源从而形成组织的能力，但由于能力是基于信息的、专属于企业的有形和无形的过程，能力通常要经过一段较长的时间，经过复杂的交互才能形成（Grant，1991）。信息技术，即 IT，作为一种技术，是企业生存和发展的基础，也是区分企业是否成功的关键因素之一（Bharadwaj，2000），IT 能够从多个层面影响企业，包括企业的产品质量、产品种类以及客户服务等多个方面。Mukhopadhyay（2002）认为 IT 应用对企业产生的影响主要表现在运作影响和战略影响上，其中运作影响表现为企业的运营绩效，而战略影响则主要涵盖销售额的增加等企业的成长性绩效指标。有非常多的经验证据以及案例研究揭示出 IT 是区分成功和不成功企业的一个关键因素，和 IT 相关联的要素有 IT 资源以及 IT 能力，其中 IT 资源是指那些能够在市场上交易的与 IT 相关的要素，这对任何企业而言都不存在差异，IT 本身的先进性并不能为一个企业带来成功，因为 IT 能够被轻易地复制，企业的成功源于其 IT 能力，IT 能力是控制 IT 相关的成本，提供企业需要的信息系统而且能够借助 IT 实施以影响企业经营目标的能力，它依赖于 IT 人力资产、可重用的技术资产和关系资产的状态，从而使得组织获得持续的竞争优势（Ross et al.，1996；Powell and Dent- Micallef，

1997）。对于 IT 能力的定义，学者们从技术、战略、成本、业务流程和经营目标等多种角度进行了界定，本书在 2.1 节的内容中对其进行了详细阐述。

2000 年，Bharadwaj（2005）对 IT 能力影响企业绩效的机理进行了研究，之后，相继有许多学者围绕 IT 能力与企业绩效的关系开展了研究。Santhanam 和 Hartono（2003）的研究也表明 IT 能力与企业绩效之间具有正相关关系。Wade（2004）则研究认为 IT 能力对企业绩效并非是直接作用，而是通过影响企业的竞争性活动从而形成复杂的资产和能力链条，最终为企业带来持续的竞争优势。由于财务绩效具有结果导向性，因而 IT 不能直接导致企业效益的提升（Sabyasachi，2005）。Barua 等（1995）建立的两阶段模型表明 IT 只有在提升库存周转率等运营绩效之后才能影响到企业所占的市场份额，并提高企业的竞争性绩效。Melville 等（2004）的研究表明 IT 主要通过提高运营的效率来影响企业的整体绩效，IT 能力对企业绩效的影响受行业特征、企业规模等权变因素的制约。杜维等（2010）通过实证研究后认为 IT 与企业内部的其他资源进行互补和嵌入后酝酿形成了 IT 能力，而 IT 能力则借助企业知识管理战略这一中介变量进行推动从而提高企业绩效。Tippins 和 Sohi（2003）以 271 家制造企业为调查对象进行分析，实证研究结果表明 IT 能力能够提高企业绩效，而组织学习在其中发挥着显著的中介作用。由此可见，学者们的研究大多是围绕 IT 能力和企业绩效而展开的。

1.2 研 究 目 的

本书以知识管理理论和企业能力理论为基础，围绕服务型制造、IT 能力、制造企业服务创新绩效对相关问题进行研究。本书的研究目的如下。

1）梳理服务型制造的概念和发展，研究知识管理视角下的服务型制造创新机制和资源整合。首先，探索如何将知识管理导入服务型制造创新过程中，创建知识管理视角下的服务型制造创新机制，其中包括技术机制、组织机制、服务机制和学习机制，并构建服务型制造的创新学习机制；其次，分析服务型制造网络的运作特征，提出服务型制造资源整合决策模式。

2）通过对制造企业服务创新、IT 能力和组织学习方面的理论研究，结合探索性多案例分析，研究制造企业中 IT 能力、组织学习和服务创新绩效的独特内涵和特征，对相关概念进行适合于服务型制造的维度划分，拓展相关的研究领域。

3）以相关理论结合多案例研究中提取出的数据分析结果，建立 IT 能力影响制造企业服务创新绩效的概念模型和研究假设，以中国内地制造企业为样本开展实证研究，分析 IT 能力对服务创新绩效的内部影响机理，以及组织学习在其中发挥的作用，从理论和实证两方面揭示影响作用的内在机理和规律性，探索推进制造企业服务创新绩效的内部因素。

4）结合我国制造企业的服务创新实践，以具有服务意识的制造企业为对象，分析制造企业服务化战略类型，进一步探讨不同的服务化战略定位对 IT 能力与服务创新绩效二者关系的影响，以及 IT 能力对组织学习的影响，制造企业的管理者如何协调 IT 能力、组织学习、服务化战略以及服务创新绩效的关系，以期保证服务创新绩效的顺利实现。

1.3　研究内容和研究意义

1.3.1　研究内容

本书的具体研究内容主要分为以下五个方面。

一是研究知识管理视角下的服务型制造创新机制和服务型制造网络资源整合模式。将知识管理导入到服务型制造创新过程中，创建知识管理视角下的服务型制造创新机制，构建服务型制造的创新学习机制；分析服务型制造网络的运作特征，并运用约束理论来进行资源整合，提出服务型制造资源整合决策模型。

二是对 IT 能力、制造企业服务创新和组织学习等相关理论基础进行整理，从价值链角度来界定 IT 能力和组织学习这两个概念的内涵和特征，同时，结合典型的制造企业的服务创新实践，对制造企业的服务创新和服务创新绩效从概念上进行界定，明晰其内涵，对服务创新绩效从研究构面上进行划分，回顾制造企业服务化战略的相关研究，分析支持制造产品的服务化战略和支持客户活动的服务化战略的差别。

三是开展多案例研究，结合相关理论提出研究假设，即选取五个典型的制造企业，对案例企业的 IT 能力、组织学习和服务创新绩效逐一进行分析，并对案例项目的数据分析结果进行汇总，结合相关理论构建 IT 能力影响制造企业服务创新绩效的初步概念模型假设，对组织学习的中介作用和服务化战略的调节作用提出假设。

四是开展实证研究，即根据初步概念模型假设，设计调查问卷，并在中国内地的制造企业中开展问卷调查；对回收的数据进行描述性统计、信度和效度检验，以分析数据的可靠性和一致性；采用结构方程模型方法和回归分析方法进行实证分析检验，挖掘 IT 能力影响制造企业服务创新绩效的内部机理，以及组织学习在其中所发挥的中介效应。

五是用结构方程模型处理类别变量的调节效应，检验服务化战略在 IT 能力与组织学习关系中的调节作用，以及服务化战略在 IT 能力与制造企业服务创新绩效关系中的调节作用，对研究结果进行讨论，分析研究的管理启示，并提出管理建议。

1.3.2 研究意义

1. 理论研究意义

本书将拓展现有的 IT 能力、服务型制造、制造企业服务创新等领域研究。我国对服务型制造和制造企业的服务创新研究相对来说比较落后，目前的研究侧重于从定性角度对服务创新的内涵、模式、流程和特点等方面进行研究，而服务创新的研究领域和研究内容相互之间交叉性较强，目前专门针对制造企业服务创新方面的实证研究还比较少。在国外和中国台湾地区，有学者通过理论或实证研究分析提出 IT 能力可以提高服务创新绩效，但是，这些研究未能结合服务型制造以及制造企业的服务创新而展开，目前该领域的研究还很不成熟。本书的相关研究将对服务型制造理论、IT 能力理论、服务创新理论、组织学习理论起到有益的补充作用，将进一步拓展和丰富现有的研究领域。

本书将进一步丰富服务型制造、IT 能力和服务创新领域的研究方法和研究成果。本书以理论结合针对制造企业的多案例研究，探究服务创新绩效、IT 能力和组织学习的特殊概念内涵；同时以中国内地的制造企业为样本，对 IT 能力影响制造企业服务创新绩效的内部机理作用进行实证检验。因此，本书将进一步丰富服务创新领域的研究方法和研究成果。

2. 实践研究意义

首先，本书有助于开阔制造企业的思路。打造以制造为基础，以服务为导向，以能力为支撑，以学习为途径的制造企业服务创新框架，为制造企业实现服务型制造拓展思路。制造企业积极主动地在企业内部的各个环节中利用信息技术的力量，持续开展依托于产品的服务创新，并注重企业内部的持续学习，使服务型制造模式下的服务创新更加具有操作性。

其次，通过对全国多个省市的制造企业进行实证研究，发现 IT 能力和组织学习对服务创新绩效的正向影响，根据影响的演化路径，可以为制造企业内部的信息技术应用和组织学习给予不同的指导，同时，通过关注跨产品细分领域的服务创新以形成借鉴，实现制造企业在价值链上的改造，鉴于制造业在我国产业中的重要性，服务创新对制造业在整体发展上的促进必定对整个经济的发展起到巨大的推动作用。

最后，本书充分考虑服务化过程的特殊性，尤其是不同的服务化战略下 IT 能力对组织学习和服务创新绩效影响的差异性，探索其中的规律，有助于制造企业的管理者及时发现改进相关方关系中的薄弱环节，同时，有针对性地重点实施服务化战略，从而顺利提高服务创新绩效，具有很强的实践意义。

1.4 研究思路和研究方法

本书的研究思路和研究方法如下。

第一，梳理服务型制造的概念、发展和研究现状，从知识管理视角，对服务型制造创新过程与知识管理进行阐述，研究知识管理视角下的服务型制造创新机制，再对服务型制造网络进行研究，分析资源类型，并建立服务型制造网络资源整合决策的优化模型。

第二，采用文献综述法首先对 IT 能力理论的概念进行梳理，回顾 IT 能力与组织学习的相关研究，对 IT 能力概念内涵和特征进行分析；其次，对服务型制造与制造企业的服务创新相关研究进行整理，界定制造企业的服务创新和服务创新绩效的概念内涵，并对制造企业的服务创新绩效进行构面上的划分，分析两种服务化战略的区别；最后，对组织学习的概念和学习过程进行梳理，分析组织学习与服务创新绩效之间的关系，对组织学习的概念内涵和特征进行分析。

第三，采用探索性多案例研究，选取五个典型的制造企业作为案例开展研究，运用比较研究和归纳研究方法，借助价值链理论对 IT 能力和组织学习进行分析，分别探讨这两个变量的各个构面在五个案例企业中的体现，对案例数据进行分析和信息编码，结合相关理论构建 IT 能力影响制造企业服务创新绩效的概念模型和研究假设。

第四，针对研究假设，结合相关理论和实践，设计调研问卷，开展实证研究，采用验证性因子分析、结构方程模型、回归分析等方法，对本书中预设的模型和假设，按照规范研究程序，采用多方位的统计检验，对 IT 能力影响制造企业服务创新绩效的内部机理进行实证研究检验，以进一步检验本书所提出的各项初始假设是否成立并验证概念模型的合理性，对实证研究结果进行分析与讨论，最后分析本书的管理启示。

第2章 服务型制造

本章对服务型制造进行专题研究。具体包括澄清服务型制造的概念，对服务型制造的发展和研究现状进行梳理；依据西安陕鼓动力股份有限公司开展服务型制造的实际案例，结合知识管理，分解服务型制造创新各阶段的基本内容、知识需求和涉及的知识管理内容，创建了由学习机制、组织机制、服务机制和技术机制组成的基于知识管理的服务型制造创新机制，阐述各个机制的内涵和作用；对服务型制造网络资源进行整合和优化以提高服务型制造网络资源的运作效率。

2.1 服务型制造概述

2.1.1 服务型制造的概念和发展

随着服务经济的兴起和发展，全球制造业正在经历从"生产型制造"向"服务型制造"的转变。服务型制造是面向服务的制造以及基于制造的服务，以实现制造价值链中各利益相关者的价值增值为目标，通过融合产品与服务、客户的全程参与、企业相互之间提供生产性服务以及服务性生产，实现分散化制造资源的整合以及各自核心竞争力的高度协同，达到高效创新的一种制造模式（孙林岩等，2007），服务型制造是服务与制造相互融合的先进制造模式，在服务型制造模式下，制造企业由仅提供产品或产品与附加服务向产品服务系统（product service system，PSS）转变，并且服务在整个产品服务系统中居于主导地位，是企业利润的主要来源（姚为群，1999）。

在服务型制造中，企业依托核心产品（能力）通过网络化协作实现制造向服务的拓展和服务向制造的渗透，向顾客提供整体解决方案或者产品服务系统。相比于传统制造模式，服务型制造的主要特征在于制造和服务过程中的顾客参与和体验以及通过网络化协作来提供产品服务系统（林文进等，2009）。服务型制造对我国制造业的发展具有重要作用，从宏观角度而言，发展服务型制造能够实现我国在经济增长方式上的转型，变"中国制造"为"中国创造"，服务型制造也是制造企业摆脱同质化竞争，能够使企业的产品实现差异化以形成非价格竞争的重要手段。在以服务为基础的企业当中，服务对制造业的价值创造以及长期竞争优势的保持具有重要作用（Quinn，1992）。

世界各发达国家都非常重视服务型制造的推广。例如，2001 年欧盟就资助了产品服务系统计划方法论（MEPSS，methodology for product services systems program）项目，旨在研究产品服务系统理论基础与开发方法；美国推行 "基于服务的制造" （service-based manufacturing）；日本推行 "服务导向型制造" （service-oriented manufacturing）；澳大利亚推行 "服务增强型制造" （service-enhanced manufacturing）。全球很多著名制造企业包括 IBM（国际商业机器公司）、GE（通用电气公司）等均在由制造向服务领域扩展。当前，中国正处在由工业化中级阶段向高级阶段转变的重要时期，将制造与服务融合是促进我国制造业和服务业快速协调发展、促进工业和服务业整体技术水平提高的基础。2009 年，国务院颁布的《装备制造业调整和振兴规划》指出：调整和振兴装备制造业的主要任务之一是转变产业发展方式，进行产业调整升级，逐步实现由 "生产型制造" 向 "服务型制造" 的转变（蔡雨阳等，2000），这标志着发展服务型制造已经引起我国政府的高度重视。同时，国内的大型制造企业如西安陕鼓动力股份有限公司、华为技术有限公司、大连冰山集团有限公司等均是实施服务型制造的典范。例如，西安陕鼓动力股份有限公司将自身的发展战略定位为动力设备系统解决方案提供商，并从 2001 年起开始在产品市场调查、升级改进、安装调试、售后服务上为顾客提供支持服务（陈菊红和郭福利，2010），2010 年，西安陕鼓动力股份有限公司为某客户提供的一种节能减排的透平机械产品服务系统，实施后该机组的运行效率提高了 16% 而能耗则降低了 27%。

2.1.2 服务型制造的研究现状

服务型制造与制造业服务化几乎表达的是同一概念，国外研究明显领先于国内。学者们主要围绕着概念、制造企业经营理念、战略、演化过程以及实施案例分析等方面展开研究。

在国外，对服务型制造的研究最早可追溯到由 Becker（1962）提出 "由提供产品向提供服务转移" 的思想。Vandermerwe（1988）用 "servitization" 一词描述制造企业服务化，将服务化定义为制造企业由仅仅提供产品或产品与简单附加服务向 "产品+服务" 包转变（蔡雨阳等，2000），随后国外学者 Chase（1992）提出了 "基于服务的制造" （service-based manufacturing）、Chadee（1998）提出了 "服务嵌入型制造" （service-embedded manufacturing），Jammes（2005）提出了 "服务导向的制造" （service-oriented manufacturing）（蔺雷和吴贵生，2005；汪应洛，何哲等，2008），这些概念含义几乎相同，其主要思想是指制造企业除了提供物品之外还围绕客户需求，提供更加完整的产品服务包，不仅如此，服务还逐渐在产品服务包中居于主导地位，并形成价值增值的主要来源（陈菊红和郭福利，2010）。在服务型制造模式下，制造企业将产品和服务进行市场化组合，向客户提供产品服务系统（Goedkoop et al.，1999）。

Robinson（2002）和 Looy（2003）对服务化在制造业创造客户价值、获取竞争优势方面的角色进行了深入分析（何哲等，2009）。此外，Cohen 和 Whang（1997）认为服务因其物质成本较低而具有更高的利润率，企业通过为客户提供全生命周期的服务能够产生稳定的收益。White 等（1999）指出服务化就是制造商的角色由产品提供者向服务提供者转变的动态过程，并指出制造企业服务化演进的四个阶段。Gebauer（2008）认为制造企业实施服务化的战略包括售后服务提供商、客户支持提供商和互动发展伙伴等。

目前，国内对服务型制造相关管理问题的研究主要集中在概念、意义、价值创造机理、组织形式、应用案例等方面。例如，汪应洛（2008）认为服务型制造模式有利于制造业结构升级和制造价值链提升，是我国建设新型工业化的战略选择，并从不同角度阐释了当前我国大力发展服务型制造的必要性、可行性和战略途径。2009 年，由中国工程院制造领域和管理领域的 13 位院士发起的"应对金融海啸，服务型制造的发展战略"的院士论坛会议上，郭重庆院士指出：服务型制造是国际制造业发展的基本方向，也是我国制造业发展的必然趋势，对这一规律和趋势的认识，对于指导中国制造业的发展具有重要现实意义（何哲等，2008）。蔺雷（2005）对制造业服务增强的起源、机理、现状及发展进行了研究。服务型制造具有整合、增值和创新三方面的特性。陈菊红等（2010）对服务型制造下产品服务系统的设计和供应链运作模式进行了研究。服务型制造或制造业服务化的模式之一是业务流程外包，尤其是服务外包。服务外包指具有竞争力的制造企业将上游的零部件供应商及其相关的服务功能提供商的能力进行整合以满足客户对产品服务系统功能或效用的要求（何哲等，2009），当然这一过程必须和制造企业的服务创新进行紧密地结合，使企业能够敏锐地洞察客户的实际需求，对企业的资源和能力进行整合从而实现客户需求。

服务型制造模式下客户需求和收益表现出一些新的特征。由于服务是服务提供方使用自身的资源和知识为客户创造价值和收益的过程，因此服务是以客户价值（效用）最大化为目标（Cook，2006）。Vargo（2006）对比了产品主导逻辑（G-D logic）和服务主导逻辑（S-D logic）下在价值创造方面的差别，在价值创造过程中，G-D logic 下，企业是通过加强服务属性来增加价值，服务发挥着重要作用，它能够使产品更好地为客户创造价值，与此同时，自身也在创造着新的价值（陈菊红和郭福利，2010）；而在 S-D logic 下，客户价值的主要来源是服务，产品只是作为服务的载体。客户价值的创造者不仅包括服务提供商、网络合作伙伴，客户亦是价值创造过程中的共同创造者（Lusch and Vargo，2006）。客户价值通常被定义为感知收益和感知成本的差距。可以通过需求、产品或服务的属性和整体成本（价格、风险和努力）三个交互的因素对客户价值进行定义（Kambil et al.，1999）。王永贵和杨龙（2002）总结了前人对客户价值的不同看法后，提出客户价值实质是在考虑期望水平时，基于客户感知的得失差异而对产品/服务"效用"的总体评价。客户终生价值是指客户在其整个生命周期过程中为企业所做贡献的总和。由于在客户生命周期的不同阶段，对企业所做的贡献亦有所不同，以及时间价值的存在，因此在计算客户终生价值时需要对不同时间段的贡献进行贴现。

Manzini 等（2001）指出制造企业追求的目标是满足客户需求，其本质是从售卖物质的产品到售卖产品与服务的整合，客户不再重视产品的所有权，而是重视在使用产品中获得的效用。客户从最初的不了解产品发展到主动共同地参与到产品服务系统的交付中，客户关心的并非是有形产品的占有而是价值以及效用的实现，可见满足客户功能需求或效用是产品服务系统的主要目标（Roy，2000；Prahalad and Ramaswamy，2004）。一般而言，效用是指客户通过消费使其自身需求得到满足的度量。现实中客户需求体现出不同的偏好，客户偏好是指客户对一种产品（或者产品服务组合）的喜好程度，客户根据自己的意愿对可供消费的产品或产品服务组合进行排序，这种排序反映了客户的需要和兴趣。钟昌标和李秉强（2002）认为服务、质量和成本是影响供应链客户效用的主要因素。Varian（1995）在信息产品定价方法中提出捆绑定价可以减少混杂的消费者支付意愿，捆绑组合的数量、捆绑战略和捆绑相关因素成为主要研究问题，这种定价方法同时考虑到客户和服务提供商的需求与效用，具有更好的可行性和实用性。Li 等（2005）认为服务运作效用包括经济效用和无形效用，二者分别与服务收益和客户满意度相关。客户从给定的一种消费组合中得到的效用取决于其自身的效用函数，而且该函数与服务价格和服务质量有关。

可见，在服务型制造模式下企业经营管理的理念在于客户需要的不是有形的产品而是由产品和服务融合后带来的效用，服务是客户效用（价值）以及企业利润的主要来源。制造企业遵循服务主导逻辑，由单一的产品制造商向产品服务系统的集成商转变，价值创造者不仅包括服务提供商，而且包括客户。

2.2 知识管理视角下的服务型制造创新机制

当前，知识经济正在迅猛发展，人们逐渐认识到知识是企业创造竞争力的核心，企业核心生产要素正在向知识转变（彼得·F·德鲁克，1999）。Nonaka 和 Takeuchi（1995）认为，知识创造是企业创造新知识、吸收新知识并使这种新知识贯穿于组织的整体能力中的创新活动，它体现在组织的产品、服务和系统之中。服务型制造是为了实现制造价值链中各利益相关者的价值增值，通过产品和服务的融合、客户全程参与、企业相互提供生产性服务和服务性生产，实现分散化制造资源的整合和各自核心竞争力的高度协同，达到高效创新的一种制造模式（Woodman et al.，1993）。从宏观角度而言，发展服务型制造有助于实现中国经济增长方式转型，变"中国制造"为"中国创造"，从微观角度而言，服务型制造是企业摆脱同质化竞争，形成产品差异性和企业之间非价格竞争的重要手段。

知识的产生、创新和应用是一个进化的复杂过程，企业不仅仅是应用和加工知识，更重要的是创新知识，知识的创新是服务型制造企业获取和保持竞争优势的重要活动。本书结合知识管理机制对服务型制造创新机制进行研究，创建了基于知识管理的服务型制造创新机制模型。

2.2.1 服务型制造创新过程与知识管理

制造模式是企业围绕价值增值链，依据不同的环境，通过有效地组织各种要素而形成的，可以在特定环境中达到良好效果的先进制造、经营和管理方法的集合体（Berger and Lester，1997）。服务型制造模式建立在常规制造模式创新的基础上，它通过产品和服务的融合、客户全程参与而实现对分散化制造资源的整合来实现模式创新，从而提升企业核心竞争力。服务型制造中的知识主要分为技术知识、制造过程知识和顾客知识三类。技术知识主要是行业技术发展、技术标准、产品设计、界面标准等技术规则知识；制造过程知识包括物理及服务产品的生产过程所需的资源配置、设施布置、工艺流程、质量控制、人员管理等和生产过程密切相关的知识；而顾客知识则通常包括市场调研、顾客需求、销售渠道、品牌推广、物流配送等和终端顾客相关的知识（Pappas and Sheehan，1998）。服务型制造企业的成长依赖于对知识的创造和利用，产品必须含有知识性，并和知识密集型服务结合起来，才能创造更多的价值。服务型制造的创新过程模型可用图2-1 来表示，即服务型制造企业在和客户签订订单之后，需要向客户提供整体解决方案，分析整个系统框架以及功能需求，根据系统要求进行任务分解，这主要涵盖四个方面的任务，其中，客户合作是与重点客户之间的战略合作，因为服务型制造企业向客户提供的整体解决方案必须和客户一道来分析和解决问题，只有和客户经过充分的沟通交流，才能成功提出并不断完善解决方案——任何单独一方都无法独自做到这一点，这种合作不是单阶段行动，而是贯穿于整个服务型制造过程之中（孙林岩等，2007）；配套合作是服务型制造企业提供核心产品，而外围配套设备则依靠与其配套商的合作来完成，从而实现产业链和配套资源的优化整合，强化为客户提供系统集成和系统服务的能力；服务型制造企业将那些低附加值、低技术含量、自身生产能力不足的零部件以及非核心服务进行外包，同时强化其核心制造，聚焦于市场开拓和核心技术研发；自主核心研发是服务型制造企业构建研发基础平台，研发出不可替代的核心产品技术，以其为中心形成系统配套服务方案以主导产业链。

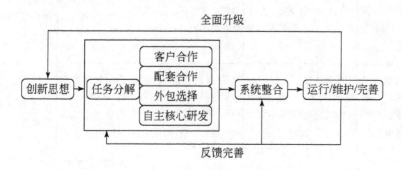

图 2-1　服务型制造的创新过程模型

客户合作、配套合作、外包选择、自主研发是服务型制造模式中不可缺少的环节，各环节之间通过知识和信息的共享，共同完成系统任务；依据客户需求在系统整合阶段对前期环节进行整合，这是服务型制造创新的独特阶段，即协调多个模块以向客户提供量身定做的产品服务系统；经过整合的系统在试运行之后交付客户使用，服务型制造企业对系统进行维护、升级、完善，形成涵盖产品全生命周期的系统性服务，由于服务型制造是基于制造的服务和面向服务的制造，因而其运行/维护/完善阶段是了解客户服务需求的重要阶段，在这一阶段中发现的潜在客户需求是全面升级创新思想的源泉。每一个阶段都依赖于对知识的需求，其过程实质上是一种知识流，包括知识的产生、开发、转移和应用，体现了跨学科知识的融合与集成。将知识管理引入到服务型制造创新过程中，使知识管理与跨组织的业务流程相互融合，从而优化创新流程的效率。表 2-1 中列出了服务型制造创新四阶段的主要内容、主要目的、对知识以及知识管理实践的具体需求。

表 2-1 服务型制造创新四阶段对知识及知识管理实践的需求

创新阶段	创新思想	任务分解				系统整合	运行/维护/完善
		客户合作	配套合作	外包选择	自主研发/生产		
主要内容	客户需求信息搜集；产品系统的功能性描述	客户全程参与制造和服务的生产和传递过程	重点配套商的选择、战略合作和评价	外协厂商的选择、合作和评价	研发和生产具有自主知识产权的核心产品部件	协调控制；模块整合、技术融合；创新活动全面开展	调试运行、反馈、用户培训、系统升级、信息跟踪服务、远程诊断和维护
主要目标	创新思想形成；市场需求和应对策略的初步确定	客户成为"合作生产者"	配套标准的制定；整体配套的实现	分包合同的形成；分包任务的实现	研发和生产核心产品部件	整合后的整个系统正常运转	圆满交付、做好售后服务和维护
知识需求	发现现实或潜在的市场需求、最新材料和工艺	需求表达和理解能力、个性化定制的实现方案	合理选择配套商的能力	准确预测、合理选择和评价分包商的技能	前沿科学知识、技术知识、生产技能	系统集成商掌握关键技术、用户对系统的反馈知识	用户的学习能力、持续升级系统的技术能力
知识管理实践需求	知识储备；多方沟通；主动学习；政府的激励	客户参与机制；产品运行情况及时反馈	配套接口标准制定；组建专门信息系统；共享合作	收集和判断分包商的相关信息；建立资料库	组建研发团队有利于知识创造；形成研发和生产能力	跨组织沟通、知识转移；推行相互合作及知识共享的文化；搭建完善的仿真平台支撑创新过程	知识整合、应用、创新、沉淀；营造良好学习氛围，培养知识型员工；建立用户资料库

2.2.2 知识管理视角下的服务型制造创新机制

在制造产业链的下游，企业间相互提供的生产性服务属于技术密集型和知识密集型服务。通过产品设计、管理咨询等活动，技术和知识在生产过程中被实际地应用，将技术进一步转化为生产力和竞争力。服务型制造要求企业进行全流程的合作，多个企业员工基于协作平台协作互动，相互启发，有助于具有创新理念的新产品、新服务的诞生（Woodman et al.，1993）。在知识管理环境下，服务型制造创新机制主要包含学习机制、组织机制、服务机制和技术机制四个部分，这四个部分各有其作用又相互协调，共同促进创新活动的开展，如图 2-2 所示。

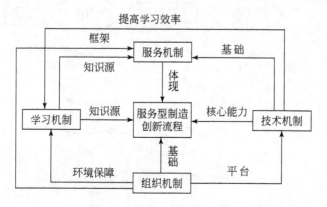

图 2-2　基于知识管理的服务型制造创新机制模型

1. 学习机制

服务型制造通过产品和服务的集成，形成产品服务系统以最大限度地满足用户的价值诉求，其创新过程由市场和技术共同驱动，服务型制造企业在自身技术储备（存量知识）的基础上，分析企业的内外部环境，识别用户的个性化需求，初步形成创新的概念构想，比较企业现有的技术基础，形成知识缺口，继而进行技术（知识）获取，并有机整合成与项目相关的系统知识，通过组织知识和个人知识的转化、隐性知识和显性知识的转化以实现知识的积累和创新，直至企业拥有的知识资源与其战略转换方向所需要的知识资源相匹配时，企业便可以获得知识到能力的转换，通过知识的应用、专业化分工以及分散资源的整合，将知识、信息、技术、物质转化为用户满意的产品服务系统，并形成企业能力的发展，促进服务的增长。企业的能力主要包括员工的技能、经验和知识，而学习对知识转化为企业的能力具有重要作用，当企业拥有合理的人力资本结构时，企业所需的外部知识以及隐性知识就有可能通过某种熟知的易于接受的方式连通，传递至企业内部，并被吸收为企业内的隐性知识，从而完成知识转化为能力的过程（林文进等，2009）。学习机制是保障知识获取的基础，形成了服务型制造创新流程的知识源，保障因产品服务系统的设计、配套合作伙伴的选择、各种资源的有效整合而形成的知识沉淀，从而提高服务型制造过程的知识存量和产品服务系统的开发能力，形成一个不断循环、不断积累的过程。本书建立了服务型制造的创新学习机制，见图 2-3。

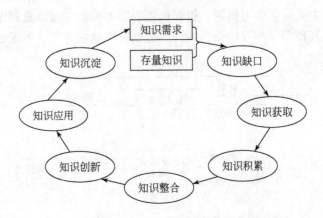

图2-3　基于知识管理的服务型制造创新学习机制

2. 组织机制

服务型制造企业从创新网络中获取知识，并将获取的新知识融合到产品服务系统开发过程中，同时，还将开发过程中产生的知识扩散到创新网络中，以实现用户要求的功能，完成产品服务系统的研制（图2-2）。由此可见，建立有效的组织机制是服务型制造创新的基础，而组织机制可以从组织形式、组织文化和组织协调三个方面来进行分析。

在组织形式上，作为一种新的生产组织方式，服务型制造是基于工艺流程和业务流程级别分工的价值模块自发形成的制造及服务聚合体。服务型制造以依附在产品服务系统上的服务增值为主要盈利手段，在整个服务型制造网络中，不同的企业掌握和利用技术知识、制造过程知识以及客户知识，从而成为服务型制造网络中的结点企业，在相互间的协同服务中实现企业成长（Pappas and Sheehan，1998）。

在组织文化上，知识管理环境下服务型制造企业向其客户提供面向产品全生命周期的系统化服务，依托分散化的资源集成，引导顾客参与到个性化的产品服务系统的生产过程中，使得服务型制造企业从原来的单纯性产品或者服务提供商向"综合性解决方案"服务提供商转变，从而延伸企业价值链，由此可见，服务型制造更强调基于服务的企业价值和客户价值的实现，同时也更强调与客户进行合作以满足其个性化需求。另外，由于服务型制造企业要依据客户的多元化、个性化服务需求来推动企业内部功能和架构的创新性转变，因而服务型制造的组织文化更鼓励创新。

在组织协调上，在服务型制造过程中，除核心产品的自主研发外还涉及客户合作、配套合作和外包选择，服务型制造创新的成败与否取决于各任务模块之间的协调与整合。服务型制造企业通过关注客户价值并依托对分散化资源的集成，引导客户参与到个性化产品服务系统的生产过程中，向客户提供具有丰富服务内涵的"综合性系统服务解决方案"。此外，在产品服务系统开发过程中需要和配套商以及外协厂商进行协调和战略合作，这三个方面的协调是服务型制造创新的组织需要，也是服务型制造模式与普通制造模式之间的显著区别。

3. 服务机制

制造业可以通过服务创新手段获取差异化竞争优势和先行优势，并直接创造价值。在以服务为基础的企业中，服务对制造业价值创造和保持长期竞争优势具有重要作用（Quinn，1992）。服务型制造模式是一种崭新的价值创新模式，一方面传统制造系统中以技术为主导的创新模式因为协作企业间基于业务流程的紧密协作而得以加强；另一方面，客户作为合作生产者而带动用户驱动型创新，在技术驱动型创新和用户驱动型创新过程中，服务成为价值链参与者沟通的载体，居于产品服务系统创新的核心位置。制造部门和服务部门运用"产品-服务混合"战略作为获取竞争优势的新途径，而在服务活动水平上，制造和服务出现一种新的"共生关系"（Marceau and Martinez，2002）。服务型制造企业向客户提供的不仅仅是产品，还包括依托于产品的服务或整体解决方案，因此在服务内容上更加灵活，将产品和服务进行整合，从而形成产品服务系统，最大限度地满足客户的价值诉求。在服务产品的定价上，依据不同服务的内容来区别定价，将服务和产品结合起来，以达到服务有形化和有价化的目的，同时也形成了其他厂商难以模仿的产品竞争优势。

4. 技术机制

服务型制造是在先进制造技术基础上产生的新型生产组织方式，企业的核心技术是开展服务型制造的基础，在此基础上进行服务配套及拓展，从而形成服务型制造这一新的制造模式。一方面，服务型制造企业的成长是知识驱动的，而技术被看做是一种特殊的知识或知识的一种表现形式，服务型制造创新过程需要大量先进技术，更涉及相关的软硬件技术基础设施，从而构成服务型制造创新的基础条件和硬件支撑，其中基础技术工具包括产品服务系统开发过程中的支持系统、服务型制造企业与配套商、分包商之间以及内部不同职能部门间的通信系统、专家系统、供应商管理平台、远程在线检测系统等，可以说，以知识管理为基础的服务型制造创新机制是建立在信息技术工具的支撑之上。

另一方面，技术及其相关的软硬件基础设施都需要依靠人才来实现，在服务型制造创新的核心阶段——自主研发阶段，技术人员需要综合以往的技术知识和经验来分析如何通过服务来创造和实现产品的差异化，提出产品服务系统的初步构架和解决方案；在系统整合阶段，技术人员需要了解各任务模块的关键技术、信息、接口技术及运行原理以进行整合。

从以上基于知识管理的服务型制造创新机制分析，本书认为制造企业应该从以下方面进行提高。

首先，加强协作及跨组织的知识集成。服务型制造企业的成长和普通企业的成长一样，本质上是一个基于综合知识累积性增长的演化过程，而知识集成是运用科学的方法来对不同来源、不同层次、不同结构、不同内容的知识进行综合，实施再建构，使单一知识、零散知识、新旧知识、显性知识和隐性知识经过集成形成新的知识体系（孙林岩等，2003；王娟茹等，2004）。服务型制造企业和客户、配套商、外协厂商之间存在大量的跨组织协作，而协作对于服务型制造的创新具有重要作用，这是因为在协作过程中能发掘潜在的客户需求，而这种客户需求的满足是基于跨组织的知识集成来实现的。所以，协作及跨组织的知识集成对于服务型制造企业具有重要作用。

其次，在服务型制造网络组织中加强组织成员的学习意识和知识获取能力。服务型制造的创新需要在组织间形成网络以进行跨组织的知识管理，这有助于技术学习的开展，因为大量的隐性知识需要在特定的背景下才能交流和学习。例如，客户的学习和反馈是在整个服务型制造创新过程中进行的，应当给予客户足够参与创新的机会，服务型制造企业可将其转化为服务产品规格和界面标准等显性知识，完成对产品服务系统的修改和完善，并扩展为向客户提供的主动式服务。

2.3 服务型制造网络资源整合决策优化模型

2.3.1 服务型制造网络资源整合决策优化背景

当前，随着社会化分工的不断加深，全球经济正在由服务驱动，生产性服务不断促进制造业的增长，制造业的服务增强是应对核心产品市场中的商品化、增长减慢及赢利下滑而保持持久竞争力的关键，产品制造商的服务增强行为并非是向服务导向型企业的单一维度上的过渡，而是多种商业逻辑共存的细致平衡活动（Fang et al. , Spohrer and Maglio, 2008；Windahl and Lakemond, 2010）。制造业和服务业逐渐相互融合、相互依赖、良性互动，两者之间的边界越来越模糊（Pappas and Sheehan, 1998；陈宪和黄建锋，2004；Marceau and Martinez,

2002)。制造企业单纯通过技术领先难以维持竞争优势，而企业中制造部门和服务部门采用"产品-服务混合"战略则可以作为获取竞争优势的新途径，制造企业从战略层面对服务差异化竞争的资源配置进行调整，即融合与产品相关的服务以形成差异化的整合解决方案从而提高其核心产品的竞争力，并有效增强制造企业的竞争力。可以看出，制造和服务出现新的"共生关系"(Manzini and Vezolli, 2003; Paulson, 2006; Jacob and Ulaga, 2008)，世界范围内的制造业竞争已经逐渐由产品功能和质量的竞争转变为服务和整个产业体系的竞争(蔺雷和吴贵生，2009)。

许多工业产品制造商借助辅助性服务和增值型服务的解决方案以谋求超越其传统核心产品的经营增长，制造商的服务融合战略是将服务活动整合到现有的基于产品的商务模式中，即发展服务型制造(Ostrom et al., 2010)。服务型制造是面向服务的制造和基于制造的服务，通过产品和服务融合、客户全程参与、企业相互提供生产性服务和服务性生产，实现分散化制造资源的整合和各自核心竞争力的高度协同，达到高效创新的制造模式(孙林岩等，2007)。目前，国内外已经有一些知名企业，如 IBM、华为技术有限公司、西安陕鼓动力股份有限公司、青岛海尔集团等都在最初的制造业务基础上不断嵌入服务、整合资源，进而发展成为服务型制造企业，并取得良好效益。推动服务型制造是推进中国产业结构调整的必由之路(汪应洛，2010)。服务型制造网络(SMN)以服务型制造商为核心，包括供应商、配套商、外包商、第三方物流企业(3PL)、银行和科研机构等 SMN 内的产品/服务供应商。

目前针对服务型制造主要研究其概念、起源、价值创造机理和应用实践(何哲等，2010)，但服务型制造提供面向产品全生命周期的服务，包括"产品服务系统"的实现、维修、监测以及升级改造、机制耗材、托管、培训等全方位增值服务。服务的提供依赖于服务型制造商对 SMN 中多方企业资源的整合，但目前尚未形成比较成熟的整合理论与量化标准来指导实践。从系统价值论视角来看，实现 SMN 资源整合的关键是对网络中各项生产/服务活动对应的资源进行系统化集成，在满足单个企业价值增值之后实现整个资源网络的优化和增值，明确个体的整合适宜度以合理评判并选取网络中的优质资源。SMN 重点整合配套商、供应商、3PL 和外包商等个体资源的物流、资金流、信息流运作水平，向客户提供高价值产品服务系统以实现 SMN 整体及相关企业的价值增值。因而，SMN 中资源个体的物流、信息流、资金流及产品结构等硬环境因素成为衡量资源个体整合适配度的标准。

服务型制造商对网络资源的整合是提升系统整体运作水平的过程。通过整合策略改善各参与企业个体的物流、资金流、信息流和产品结构等硬环境因素运作水平，使物流、资金流和信息流衔接顺畅；同时变革协作企业个体的服务观念、员工行为模式、组织结构和业务流程等软环境因素运作水平以优化产品结构。从系统性和价值链增值角度看，SMN 的资源整合应从硬环境和软环境两方面进行改进。由此，本书将决定网络和个体运作水平的硬（软）环境因素作为 SMN 资源整合的主导因素。主导因素间的复杂关系为：首先，各主导因素相互作用，投入成本在改善自身时还改善其他因素的运作水平；其次，整合 SMN 时具有复杂的输入输出关系，输入整合成本后形成的输出是 SMN 整体运作水平的提升。因而，整合成本会以不同比例进行分配以改善系统的硬（软）环境，而在同一环境内部又按照特定比例分配到各主导因素上。

2.3.2　服务型制造网络资源整合决策的优化模型

1. 模型建立的前提及相关说明

1）在构建整合决策优化模型前，必须对主导因素运作水平进行量化处理，步骤如下（姚建明和刘丽文，2008）：①服务型制造商在提供网络整合决策方案前广泛调研各资源个体，挖掘出个体运行中决定各主导因素的主要子因素。②根据各子因素运作特征设定对应的量表单位，并进行规范化处理，即：$f_i = (x_i - x_{\min})/(x_{\max} - x_{\min})$。其中，$f_i$ 为某主导因素中第 i 个子因素的运作水平，对某一确定的主导因素而言，i 的取值范围取决于其主要子因素的数量，如对产品结构这一主导因素而言，主要受到顾客、技术、税收、竞争者和技术这四个方面的影响，则 $i = 1, 2, 3, 4$；x_i 为该被调研个体对应子因素运作水平的量表反映实际值；$x_{\min}$ 和 $x_{\max}$ 为所有待整合资源个体对应子因素运作水平量表值中的最小值和最大值。③根据各个体对各子因素的重要性判定均值，确定各子因素在决定该主导因素运作水平中的权重 w_i。④根据权重及所计算出的 f_i 值确定各个体的主导因素运作水平，即 $F = f_i w_i$。这里设定 2.3.1 节中各运作水平参数均已通过该规范化处理。

2）调研时要对个体的主导因素运作水平进行合理量化，并通过相关性分析挖掘主导因素间的复杂关系以明确针对该个体投入各主导因素的整合成本对改善其自身、同一环境内其他因素以及改善不同环境中各主导因素的贡献水平（表 2-2），其中硬环境相关主导因素有物流、资金流、信息流和产品结构，而软环境相关主导因素有服务观念、行为模式、组织结构和业务流程，单个代码表示其行和列上对应的主导因素在顺时针方向上前者的投入成本对后者运作水平改善的影响力度（如 P_{12} 表示服务观念投入成本对行为模式改善的影响力度，Y_{13} 表示物流投入成本对组织结构改善的影响力度），S 和 V 表示改善主导因素所需要的投入成本对运作水平改善的影响力度（如 S_{44} 表示产品结构调整时需要的成本对产品结构改善的影响力度）。整合运作时，合理的影响力度值需经过调研分析以对每个个体各主导因素运作水平根源进行指标细化及分类处理后确定，通过准确的成本核算及统计归纳方法进行量化。假设各个体影响力度值已知。

表 2-2　各主导因素间的影响力度表

硬环境主导因素				软环境主导因素			
Y_{11}	Y_{21}	Y_{31}	Y_{41}	服务观念	P_{12}	P_{13}	P_{14}
Y_{12}	Y_{22}	Y_{32}	Y_{42}	P_{21}	行为模式	P_{23}	P_{24}
Y_{13}	Y_{23}	Y_{33}	Y_{43}	P_{31}	P_{32}	组织结构	P_{34}
Y_{14}	Y_{24}	Y_{34}	Y_{44}	P_{41}	P_{42}	P_{43}	业务流程
物流	G_{12}	G_{13}	G_{14}	R_{11}	R_{12}	R_{13}	R_{14}
G_{21}	资金流	G_{23}	G_{24}	R_{21}	R_{22}	R_{23}	R_{24}
G_{31}	G_{32}	信息流	G_{34}	R_{31}	R_{32}	R_{33}	R_{34}
G_{41}	G_{42}	G_{43}	产品结构	R_{41}	R_{42}	R_{43}	R_{44}
S_{11}	S_{22}	S_{33}	S_{44}	V_{11}	V_{22}	V_{33}	V_{44}

3）为了在优化目标函数中实现参数无量纲化以合成多个目标，需要对整合成本和时限性容忍量进行规范化处理。假设待整合资源个体集合中第 l 个主导因素运作水平最小值对应个体 p；该个体将主导因素水平提升到当前个体集合中最大值所需投入整合成本为 c_l；设整合成本的规范化转换基准为 $c_b = \sum\limits_{l=1}^{L} c_l$，$L$ 为主导因素数量。假设个体为提升各主导因素运作水平所需整合成本实际值为 c，则在模型及算法中对所涉及成本的规范化量值为 $C = c/c_b$。这里设定 2.3.1 节中各成本参数均经过规范化处理。在对时限性容忍量优化目标进行规范化处理时，将转换基准设定为 $t_{b.k} = t_{end.k} - t_{sta.k}$。其中，$t_{sta.k}$、$t_{end.k}$ 分别为资源个体中针对某生产/服务活动中第 k 类任务所能够提供的最早起始时刻和最迟结束时刻，处理方法见以下章节中的参数说明。

2. 模型设定及参数说明

①设服务型制造商针对某生产/服务活动所需整合的网络资源为 K 类，索引为 k。②设各种类中可供整合的个体数为 M_k，每个个体索引为 i_k。③设服务型制造商对系统整合后的综合运作水平拟定期望值为 $\bar{F}$。其中，对系统的物流、资金

流和信息流的运作水平以及产品结构调整的拟定期望值分别为 $\bar{F}_{\log}$、$\bar{F}_{\mathrm{cap}}$、$\bar{F}_{\mathrm{inf}}$ 和 $\bar{F}_{\mathrm{str}}$；而对服务观念转变、行为模式改变、组织结构调整以及业务流程改善后的拟定期望水平分别为 $\bar{F}_{\mathrm{serv}}$、$\bar{F}_{\mathrm{act}}$、$\bar{F}_{\mathrm{org}}$ 和 $\bar{F}_{\mathrm{pro}}$。④设整合前个体 i_k 的物流、资金流和信息流的运作水平以及产品结构的实际值分别为 $F_{\log.\,i_k}$、$F_{\mathrm{cap}.\,i_k}$、$F_{\mathrm{inf}.\,i_k}$ 和 $F_{\mathrm{str}.\,i_k}$；整合后的实际值分别为 $F^{*}_{\log.\,i_k}$、$F^{*}_{\mathrm{cap}.\,i_k}$、$F^{*}_{\mathrm{inf}.\,i_k}$ 和 $F^{*}_{\mathrm{str}.\,i_k}$。⑤设整合前个体 i_k 的服务观念、行为模式、组织结构以及业务流程的实际水平值分别为 $F_{\mathrm{serv}.\,i_k}$、$F_{\mathrm{act}.\,i_k}$、$F_{\mathrm{org}.\,i_k}$ 和 $F_{\mathrm{pro}.\,i_k}$；整合后分别为 $F^{*}_{\mathrm{serv}.\,i_k}$、$F^{*}_{\mathrm{act}.\,i_k}$、$F^{*}_{\mathrm{org}.\,i_k}$ 和 $F^{*}_{\mathrm{pro}.\,i_k}$。⑥设整合后个体 i_k 各主导因素运作水平的改善增量为 $\Delta F_{\log.\,i_k}$、$\Delta F_{\mathrm{cap}.\,i_k}$、$\Delta F_{\mathrm{inf}.\,i_k}$、$\Delta F_{\mathrm{str}.\,i_k}$ 和 $\Delta F_{\mathrm{serv}.\,i_k}$、$\Delta F_{\mathrm{act}.\,i_k}$、$\Delta F_{\mathrm{org}.\,i_k}$、$\Delta F_{\mathrm{pro}.\,i_k}$，则有 $\Delta F_{\log.\,i_k} = F^{*}_{\log.\,i_k} - F_{\log.\,i_k}$，其余各因素均有类似关系。⑦设整合中为改善软环境因素而投入的总成本为 $C_{\mathrm{soft}.\,i_k}$。其中，为改善服务观念、行为模式、组织方式以及业务流程这四者变革水平的投入成本分别为 $\Delta C_{\mathrm{serv}.\,i_k}$、$\Delta C_{\mathrm{act}.\,i_k}$、$\Delta C_{\mathrm{org}.\,i_k}$ 和 $\Delta C_{\mathrm{pro}.\,i_k}$。⑧设整合中为改善硬环境因素而投入的总成本为 $C_{\mathrm{hard}.\,i_k}$。其中，为改善物流、资金流和信息流这三者运作水平以及产品结构而投入的成本分别为 $\Delta C_{\log.\,i_k}$、$\Delta C_{\mathrm{cap}.\,i_k}$、$\Delta C_{\mathrm{inf}.\,i_k}$ 和 $\Delta C_{\mathrm{str}.\,i_k}$。⑨定义变量 δ_{i_k}，如果个体 i_k 被作为服务型制造商的整合对象，则 $\delta_{i_k} = 1$；否则，$\delta_{i_k} = 0$。⑩设个体 i_k 为该生产/服务活动中第 k 类任务提供的质量为 Q_{ik}，而该类任务实际所需质量标准为 Q^{*}_{ik}。⑪设个体 i_k 为该生产/服务活动中第 k 类任务提供的能力为 A_{ik}，而所需的最小能力为 $A^{*}_{\min.\,k}$。⑫设个体 i_k 为该生产/服务活动中第 k 类任务所能提供的起始和结束时刻分别为 $T_{\mathrm{sta}.\,i_k}$ 和 $T_{\mathrm{end}.\,i_k}$，而第 k 类任务实际所需起始和结束时刻分别为 $T^{*}_{\mathrm{sta}.\,i_k}$ 和 $T^{*}_{\mathrm{end}.\,i_k}$。⑬设服务型制造商整合生产/服务活动中第 k 类任务的起始时刻和结束时刻容忍量分别为 $\theta_{\mathrm{sta}.\,k}$ 和 $\theta_{\mathrm{end}.\,k}$。⑭设规范化处理后的生产/服务活动第 k 类任务的时限性总和容忍量为 θ_k，则 $\theta_k = (\theta_{\mathrm{sta}.\,k} + \theta_{\mathrm{end}.\,k}) / t_{\mathrm{b}.\,k}$。⑮$\beta$ 为优化的偏好协调系数，以灵活调节 SMN 资源整合时多目标之间的权重关系。

3. 整合决策模型

约束理论（theory of constraints，TOC）是以色列物理学家高德拉特（Eliyahu M. Goldratt）博士创立的一种基于"约束"的管理理论。约束理论认为，在一个环环相扣、紧密连接的网络中，各个单位之间相互依赖，每个个体的行为都会影响系统的整体绩效，该理论最重要的贡献在于指导企业如何集中利用有限的资源，把有限的资源用在整个系统中最重要的地方，以求达到最大的效益。约束理论的应用已经由企业内部的生产管理扩展延伸到供应链，姚建明和刘丽文（2006）应用约束理论对第四方物流（4PL）下供应链中的资源整合决策进行了优化，建立了模型，但目前还未有学者运用约束理论对服务型制造中的资源整合进行研究，本书试图运用约束理论对这一领域进行建模，实现约束理论从供应链到资源网络的拓展。

考虑到服务型制造资源网络整合优化决策追求总体实现目标，由系统的最小整合成本，包括软件、硬件成本以及最小时限性容忍量来决定。此思想可抽象为式（2-1）中的优化目标函数，实现时需遵循若干约束条件。

$$\min Z = \min(C_{\text{soft.}i_k} + C_{\text{hard.}i_k}) + \beta\min\theta_k$$

$$= \sum_{k=1}^{K}\sum_{i_k=1}^{M_k}\left[(C_{\text{soft.}i_k} + C_{\text{hard.}i_k}) + \beta\theta_k\right]\delta_{i_k}$$

$$= \sum_{k=1}^{K}\sum_{i_k=1}^{M_k}\left[\begin{pmatrix}\Delta C_{\text{serv.}i_k} + \Delta C_{\text{act.}i_k} + \Delta C_{\text{org.}i_k} + \Delta C_{\text{pro.}i_k} \\ + \Delta C_{\text{log.}i_k} + \Delta C_{\text{cap.}i_k} + \Delta C_{\text{inf.}i_k} + \Delta C_{\text{str.}i_k.}\end{pmatrix} + \beta(\theta_{\text{sta.}k} + \theta_{\text{end.}k})/t_{\text{b.}k}\right]\delta_{i_k}$$

$$(2\text{-}1)$$

约束条件：

$$\Delta F_{\text{log.}i_k} = (R_{i_k.11}\Delta C_{\text{serv.}i_k} + R_{i_k.12}\Delta C_{\text{act.}i_k} + R_{i_k.13}\Delta C_{\text{org.}i_k} + R_{i_k.14}\Delta C_{\text{pro.}i_k}) + S_{i_k.11}\Delta C_{\text{log.}i_k}$$
$$+ (G_{i_k.12}\Delta C_{\text{cap.}i_k} + G_{i_k.13}\Delta C_{\text{inf.}i_k} + G_{i_k.14}\Delta C_{\text{str.}i_k})$$

$$(2\text{-}2)$$

$$\Delta F_{\text{cap.}i_k} = (R_{i_k.21}\Delta C_{\text{serv.}i_k} + R_{i_k.22}\Delta C_{\text{act.}i_k} + R_{i_k.23}\Delta C_{\text{org.}i_k} + R_{i_k.24}\Delta C_{\text{pro.}i_k}) + S_{i_k.22}\Delta C_{\text{cap.}i_k}$$
$$+ (G_{i_k.21}\Delta C_{\text{log.}i_k} + G_{i_k.23}\Delta C_{\text{inf.}i_k} + G_{i_k.24}\Delta C_{\text{str.}i_k})$$

$$(2\text{-}3)$$

$$\Delta F_{\text{inf.}i_k} = (R_{i_k.31}\Delta C_{\text{serv.}i_k} + R_{i_k.32}\Delta C_{\text{act.}i_k} + R_{i_k.33}\Delta C_{\text{org.}i_k} + R_{i_k.34}\Delta C_{\text{pro.}i_k}) + S_{i_k.33}\Delta C_{\text{inf.}i_k}$$
$$+ (G_{i_k.31}\Delta C_{\text{log.}i_k} + G_{i_k.32}\Delta C_{\text{cap.}i_k} + G_{i_k.34}\Delta C_{\text{str.}i_k})$$

$$(2\text{-}4)$$

$$\Delta F_{\text{str.}i_k} = (R_{i_k.41}\Delta C_{\text{serv.}i_k} + R_{i_k.42}\Delta C_{\text{act.}i_k} + R_{i_k.43}\Delta C_{\text{org.}i_k} + R_{i_k.44}\Delta C_{\text{pro.}i_k}) + S_{i_k.44}\Delta C_{\text{str.}i_k}$$
$$+ (G_{i_k.41}\Delta C_{\text{log.}i_k} + G_{i_k.42}\Delta C_{\text{cap.}i_k} + G_{i_k.43}\Delta C_{\text{inf.}i_k})$$

$$(2\text{-}5)$$

$$F_{\text{log.}i_k}^{*} \geqslant \overline{F}_{\text{log}} \qquad\qquad (2\text{-}6)$$

$$F_{\text{cap.}i_k}^{*} \geqslant \overline{F}_{\text{cap}} \qquad\qquad (2\text{-}7)$$

$$F_{\text{inf.}i_k}^{*} \geqslant \overline{F}_{\text{inf}} \qquad\qquad (2\text{-}8)$$

$$F_{\text{str.}i_k}^{*} \geqslant \overline{F}_{\text{str}} \qquad\qquad (2\text{-}9)$$

$$\Delta F_{\text{serv.}i_k} = (Y_{i_k.11}\Delta C_{\text{log.}i_k} + Y_{i_k.21}\Delta C_{\text{cap.}i_k} + Y_{i_k.31}\Delta C_{\text{inf.}i_k} + Y_{i_k.41}\Delta C_{\text{str.}i_k}) + V_{i_k.11}\Delta C_{\text{serv.}i_k}$$
$$+ (P_{i_k.12}\Delta C_{\text{act.}i_k} + P_{i_k.13}\Delta C_{\text{org.}i_k} + P_{i_k.14}\Delta C_{\text{pro.}i_k})$$

$$(2\text{-}10)$$

$$\Delta F_{\mathrm{act.}\, i_k} = (Y_{i_k.\, 12}\Delta C_{\mathrm{log.}\, i_k} + Y_{i_k.\, 22}\Delta C_{\mathrm{cap.}\, i_k} + Y_{i_k.\, 32}\Delta C_{\mathrm{inf.}\, i_k} + Y_{i_k.\, 42}\Delta C_{\mathrm{str.}\, i_k}) + V_{i_k.\, 22}\Delta C_{\mathrm{act.}\, i_k}$$
$$+ (P_{i_k.\, 21}\Delta C_{\mathrm{serv.}\, i_k} + P_{i_k.\, 23}\Delta C_{\mathrm{org.}\, i_k} + P_{i_k.\, 24}\Delta C_{\mathrm{pro.}\, i_k})$$

$$(2\text{-}11)$$

$$\Delta F_{\mathrm{org.}\, i_k} = (Y_{i_k.\, 13}\Delta C_{\mathrm{log.}\, i_k} + Y_{i_k.\, 23}\Delta C_{\mathrm{cap.}\, i_k} + Y_{i_k.\, 33}\Delta C_{\mathrm{inf.}\, i_k} + Y_{i_k.\, 43}\Delta C_{\mathrm{str.}\, i_k}) + V_{i_k.\, 33}\Delta C_{\mathrm{org.}\, i_k}$$
$$+ (P_{i_k.\, 31}\Delta C_{\mathrm{serv.}\, i_k} + P_{i_k.\, 32}\Delta C_{\mathrm{act.}\, i_k} + P_{i_k.\, 34}\Delta C_{\mathrm{pro.}\, i_k})$$

$$(2\text{-}12)$$

$$\Delta F_{\mathrm{pro.}\, i_k} = (Y_{i_k.\, 14}\Delta C_{\mathrm{log.}\, i_k} + Y_{i_k.\, 24}\Delta C_{\mathrm{cap.}\, i_k} + Y_{i_k.\, 34}\Delta C_{\mathrm{inf.}\, i_k} + Y_{i_k.\, 44}\Delta C_{\mathrm{str.}\, i_k}) + V_{i_k.\, 44}\Delta C_{\mathrm{pro.}\, i_k}$$
$$+ (P_{i_k.\, 41}\Delta C_{\mathrm{serv.}\, i_k} + P_{i_k.\, 42}\Delta C_{\mathrm{act.}\, i_k} + P_{i_k.\, 43}\Delta C_{\mathrm{org.}\, i_k})$$

$$(2\text{-}13)$$

$$F_{\mathrm{serv.}\, i_k}^{*} \geqslant \overline{F}_{\mathrm{serv}} \tag{2-14}$$

$$F_{\mathrm{act.}\, i_k}^{*} \geqslant \overline{F}_{\mathrm{act}} \tag{2-15}$$

$$F_{\mathrm{org.}\, i_k}^{*} \geqslant \overline{F}_{\mathrm{org}} \tag{2-16}$$

$$F_{\mathrm{pro.}\, i_k}^{*} \geqslant \overline{F}_{\mathrm{pro}} \tag{2-17}$$

$$\mid T_{\mathrm{sta.}\, i_k} - T_{\mathrm{sta.}\, i_k}^{*} \mid \leqslant \theta_{\mathrm{sta.}\, k} \qquad \mid T_{\mathrm{end.}\, i_k} - T_{\mathrm{end.}\, i_k}^{*} \mid \leqslant \theta_{\mathrm{end.}\, k} \tag{2-18}$$

$$Q_{i_k} \geqslant Q_k^{*} \tag{2-19}$$

$$\sum_{i_k=1}^{M_k} A_{i_k}\delta_{i_k} \geqslant A_{\mathrm{min.}\, k}^{*} \quad \text{式中}$$
$$\delta_{i_k} = \begin{cases} 1 & \text{若个体 } i_k \text{ 是被整合对象} \quad (k=1,\ 2,\ \cdots,\ K;\ i_k = 1,\ 2,\ \cdots,\ M_k) \\ 0 & \text{其他情况} \end{cases}$$

$$(2\text{-}20)$$

模型中，式（2-1）为多目标函数，优化目标是系统整合成本和生产/服务活动时限性容忍量的最小化。式（2-2）~式（2-5）为系统硬环境因素运作水平改善增量与各主导因素整合成本间的关系约束；式（2-6）~式（2-9）及式（2-14）~式（2-17）分别为系统硬（软）环境因素运作水平约束；式（2-10）~式（2-13）为系统软环境因素运作水平改善增量与各主导因素整合成本间的关系约束；式（2-18）和式（2-19）分别为系统中个体提供生产/服务活动的时间性及质量约束；式（2-20）为系统个体生产/服务能力约束关系，保证被选择的第 k 类资源个体生产/服务能力总和满足第 k 类任务实际所需的最小能力。通过编制程序进行算法求解，在约束条件下给定时间内输出程序结果以实现算法求解，因为模型整体追求资源整合成本和时限性容忍量的最小化，因而算法具有非劣性。

2.3.3　算法分析

1. 算法说明

蚂蚁（蚁群）算法现在被广泛应用于解决科学和工业中不同领域的理论和实践问题（Mathieu, 2001）。由于蚂蚁算法具有快速收敛到全局近似最优解，能求解随机及动态问题等良好性能，因而在组合优化、动态路由及背包问题等方面逐步得以应用（胡小兵和黄席樾，2005；姚建明等，2006）。SMN 的整合决策需要处理多种复杂关系，必须改进算法以解决上述问题。构筑算法时，将待整合的每个 SMN 中的资源个体看作独立单元，每个单元在整合中都拥有相对确定的运作参数，如整合成本 C 和时限性容忍量 θ。资源个体优选行为的开始和结束分布对应于蚂蚁觅食寻优行为中的巢穴和食物；资源整合中的生产/服务活动对应于蚂蚁；SMN 中资源个体对应于蚂蚁的觅食路径；个体的 C、θ 差异对应于路径差异，而单目标或多目标优化对应于觅食时间及体力耗费优化。运行算法时首先要明确算法中蚂蚁运行的可行域，整合寻优过程是在可行域集合内搜索合适的资源个体，并实现不同阶段生产/服务活动间的衔接，以实现 SMN 整合收益的最大化；其次，还应考虑到为满足客户服务要求而设定的准时性要求，即将寻找各生产/服务阶段中与期望起始及结束时刻最为接近的资源个体作为整合优化的另一目标；最后，SMN 的协调运作特点使得某些生产/服务活动会跨阶段并行，算法构造要考虑某些资源个体因多任务而可能形成的堵塞。

2. 算法的数学描述

设 SMN 由源点、宿点及两者间的资源个体节点构成。阶段划分对应于生产/服务活动的实际要求。蚂蚁从源点移动到宿点后死亡，根据资源个体的整合运作参数来确定不同路径上的信息素含量。算法构造如下。

（1）蚂蚁的构造

为体现算法在处理多任务资源并行整合时的优越性，本书对蚂蚁类别进行两步划分，第一步，按每个任务对应的生产/服务活动类型划分，每一类任务对应一类蚂蚁；第二步，同类任务中按生产/服务活动的起始阶段进行划分，不同的起始阶段对应不同类型的蚂蚁。在整合资源时需要整合安排的生产/服务活动类型为 n 类，每类中不同起始阶段类别为 $m_i(i=1, 2, \cdots, n)$ 类，则蚂蚁将构造为 $\sum_{i=1}^{n} m_i$ 类，用 $A_{ij}(i=1, 2, \cdots, n; j=1, 2, \cdots, m_i)$ 表示。

（2）设定禁入节点

对每一类蚂蚁，由其生产/服务活动特点决定了在网络中均有一些资源个体节点无需经过，为了加快算法收敛可将这些节点针对不同类型的蚂蚁设为禁入节点。

（3）设定路径的选择概率

蚂蚁对不同路径的选择概率应由两部分确定。

1）路径对蚂蚁的吸引概率。设整合时 A_{ij} 的可行域是 M_{ij}^*，而 $M_{ij.kr}^*$ 表示不同活动阶段 $k(k=1, 2, \cdots, K)$ 中的第 $r(r=1, 2, \cdots, R)$ 个个体。由于资源整合的优化目标之一为整合成本最小化，故设 A_{ij} 类蚂蚁在经过 $M_{ij.kr}^*$ 后遗留信息素的量（由 $\pi_{ij.kr}^{*\text{I}}$ 表示）同整合成本成反比，则 k 中第 r 个资源个体对 A_{ij} 的 I 类吸引概率为 P_{I}；同时，设 A_{ij} 选择资源个体 kr 后进行生产/服务活动的时限性容忍量为 θ，则 θ 越小越好。设 $\pi_{ij.kr}^{*\text{II}}$ 为 A_{ij} 经过 kr 后因 θ 不同而遗留的信息素量，则 $\pi_{ij.kr}^{*\text{II}}$ 同 θ 成反比。则相应的 II 类吸引概率为 P_{II}。则有

$$P_a^{\text{I}} = \pi_{ij.kr}^{\text{I}} / \sum_{r=1}^{R} \pi_{ij.kr}^{\text{I}} \tag{2-21}$$

$$P_a^{\text{II}} = \pi_{ij.kr}^{\text{II}} / \sum_{r=1}^{R} \pi_{ij.kr}^{\text{II}} \tag{2-22}$$

2）路径对蚂蚁的排斥概率。Varela 等学者曾设想同类蚂蚁的信息素相互吸引，不同类的蚂蚁则相互排斥。为了实现整合中的能力约束问题，这里需设定排斥概率，以解决可能形成的某节点蚁流通过时的能力拥塞问题。设非 A_{ij} 类蚂蚁在通过某节点 kr 后留下的信息素量为 $\phi_{pq.kr}$，当 $p=i$ 且 $q=j$ 时，表示是同类蚂蚁，其信息素相互吸引，其余情况则表示是相互排斥的不同类蚂蚁，其对 A_{ij} 的排斥概率为

$$P_r = \phi_{pq.kr} / \sum_{r=1}^{R} \phi_{pq.kr} \quad (p=i, q \neq j; p \neq i, q=j; p \neq i, q \neq j) \tag{2-23}$$

3）蚂蚁选择路径的概率计算。通过上述分析，这里定义 A_{ij} 选择资源个体 kr 的概率为

$$P_{ij.kr} = \alpha P_a^{\text{I}} + \beta P_a^{\text{II}} + \gamma(1-P_r) \tag{2-24}$$

式中，α，β，γ（$0 < \alpha$，β，$\gamma < 1$；$\alpha + \beta + \gamma = 1$）是反映吸引和排斥概率的期望权系数，可依据需要而调整。

4）信息素的更新由算法自动完成。为表示简化，由 Φ 统一代表上述 π^{I}、π^{II} 和 φ，更新规则为

$$\Phi(t+1) = \Phi(t) + \Delta\Phi(t, t+1) - \xi\Phi(t) = (1-\xi)\Phi(t) + \Delta\Phi(t, t+1) \tag{2-25}$$

式中，$\Phi(t)$ 和 $\Phi(t+1)$ 分别为蚂蚁第 t 次和 $t+1$ 次通过某个体节点后遗留的总和信息数量；$\Delta\Phi(t,\ t+1)$ 为第 $t+1$ 次遗留信息素量；$\xi(0<\xi<1)$ 为信息素的挥发系数。

3. 算法步骤描述

整合决策对应于执行算法。SMN 中资源个体具有协作和竞争双重关系，且存在主、客观收益要求，难以找到绝对最优解。但能得到考虑重点指标的权衡解，算法目标是达到期望水平时收敛。遵循以下步骤。

①依据生产/服务活动状况来确定待整合资源类型，构造相应蚂蚁类别并为每类蚂蚁设定禁入节点，确定可行域。②确定不同蚂蚁类别经过不同资源个体对应节点时各个体所需整合成本及其提供的生产/服务活动准时性量值，确定与各类蚂蚁遗留信息素量间的关系。③依据当前及经验数据确定整合决策各目标优化的期望满意水平。④设定并调整 α、β、γ、ξ 等参数值。⑤在源点产生第 t 批次（初始时 $t=1$）蚂蚁，每批次中包含各类蚂蚁若干。到达后宿点后死亡。按式（2-25）更新各节点信息素；蚂蚁批次自动加 1。⑥记录该批次中各资源个体对应节点通过的蚂蚁数量。达到稳定态后按各类蚂蚁在节点中分配的数量进行资源整合优选，分配对应的生产/服务活动任务并计算各目标优化水平，达到期望满意水平后算法停止，按结果实施整合决策。否则转步骤⑤。说明：第一，若经过所有批次蚂蚁还无法达到平衡，需重新调整各参数值，即转步骤④；第二，若长时间执行算法后各项指标无法达到满意水平，应修正期望满意水平，即转步骤③。

4. 算例

开展了服务型制造的某装备制造企业欲承包某化工产品生产线的生产、安装、调试以及项目培训、远程监控、诊断、维修等全套产品服务系统的整体工程，由于自身能力所限，需要在其主导的 SMN 中进行资源整合。在客户满意的前提下，为使与该活动相关的 SMN 中的多家企业同时获利，提升网络的综合竞争力及战略协作水平，决定对 SMN 资源进行整合。这里仅以该项目中的外包个体资源（负责非核心部件的生产）以及 3PL 资源（负责整体产品和零部件的包装、运输、安装等活动）的整合决策等为例，验证算法的有效性。验证中，该生产任务针对资源的活动能力需求为 0.76（本节所有数据已经过单位同一化及归一化处理）；针对 3PL 资源的活动能力需求为 0.65。各资源个体的整合基本运作参数见表 2-3 和表 2-4。设针对外包资源整合优选的是 A 类蚂蚁算法，而针对 3PL 资源的是 B 类蚂蚁算法。下述讨论旨在说明本书整合决策的基本思路以及算法的有效性、可行性和灵活性。

31

表 2-3　服务型制造网络中外包资源的整合运作参数

运作参数	外包个体 1	外包个体 2	自产
整合成本 C	0.46	0.67	0.13
时限容忍量 θ	0.43	0.27	0.73
活动能力	0.65	0.88	0.80

表 2-4　服务型制造网络中 3PL 资源的整合运作参数

运作参数	3PL 个体 1	3PL 个体 2	3PL 个体 3
整合成本 C	0.30	0.41	0.22
时限容忍量 θ	0.46	0.19	0.30
活动能力	0.29	0.69	0.44

（1）整合时偏好优化活动的时限性

算法运行中参数选择为 $\alpha=0.3$、$\beta=0.5$、$\gamma=0.2$、$\xi=0.1$，蚂蚁运算批次设定为 100。仿真结果的收敛趋势如图 2-4 和图 2-5 所示。由图 2-4 分析可知，对 A 类蚂蚁算法来说，由于其可行域节点（外包个体 1、外包个体 2 及自产）没有其他任务同时进行，因而不存在活动拥塞问题，故经过若干批次运算后，达到稳定状态。几乎所有的蚂蚁选择了外包个体 2。这是因为该个体虽然整合成本较高，但其时限性容忍量符合该生产/服务活动的基本要求，这对该企业在迅速实现产品服务系统，提高客户满意度进而领先市场的战略具有很大意义。由图 2-4 还可以看出，蚂蚁通过自产活动的数量呈现先升后降的趋势，这是因为自产起初较低的整合成本吸引着大量蚂蚁，随着运算批次增加，蚂蚁数量导向于时限性容忍量的控制，因而呈下降趋势。这反映了算法在多目标资源整合复杂过程中运作的灵活性。

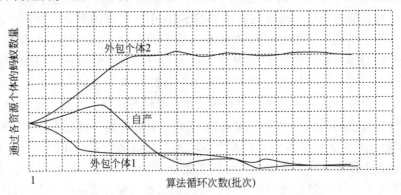

图 2-4　A 类蚂蚁算法的仿真结果收敛趋势

如图 2-5 所示，对于 B 类蚂蚁算法的结果是大部分蚂蚁选择了 3PL 个体 2。这是因为该个体具有明显的时限性优势。但是，虽然该个体具有完全的活动能力保障，还是有部分蚂蚁选择了 3PL 个体 3，这是因为与 3PL 个体 2 相比，该个体具有较好的整合成本优势。也就是说整合决策过程必须考虑多个目标之间的协调与均衡，可以看出该算法在这一方面具有较好的灵活性。

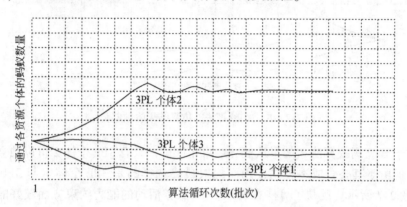

图 2-5 B 类蚂蚁算法的仿真结果收敛趋势

（2）整合时偏好优化系统的整合成本

此时参数选择为 $\alpha=0.55$、$\beta=0.35$、$\gamma=0.1$、$\xi=0.1$，蚂蚁批次设定为 100。仿真结果的收敛趋势如图 2-6 和图 2-7 所示。由图 2-6 分析可知，对于 A 类蚂蚁算法，达到稳定状态时蚂蚁几乎全部选择了自产。而且随着运算批次的推进，蚂蚁数量上升及下降的速度都较快。这是由于在优化整合成本策略偏好导向下，自产具有明显的成本优势。当蚁流趋于稳定时，部分蚂蚁还选择了外包个体 1。这是因为随着运算批次的推进，时限性容忍量的控制效果逐渐显现。

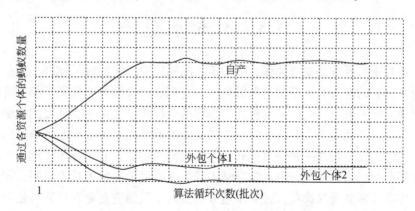

图 2-6 A 类蚂蚁算法的仿真结果收敛趋势

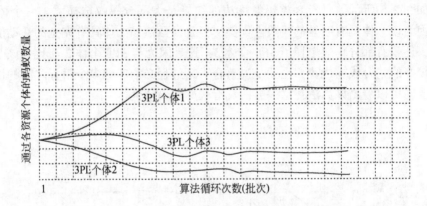

图 2-7　B 类蚂蚁算法的仿真结果收敛趋势

对于 B 类蚂蚁算法，如果从能力约束角度讲，只有 3PL 个体 2 可以独立完成任务。但由于其整合成本较高，因而蚂蚁最终选择的是 3PL 个体 1 与 3PL 个体 3，如图 2-7 所示。反映了算法在实现生产/服务活动的能力约束方面较好的灵活性，这是依赖算法中的排斥概率在起作用。通过上述仿真试验还表明，根据资源整合目标的实际情况适当调整各参数的值可以得到较佳的收敛时间和效果。

SMN 整合模式属于前沿运作模式，作为探索性研究，本书从服务型制造商整合网络资源中的主导因素开始分析，建立资源整合决策优化的数学模型并探讨其求解方法，构造出反映量化机制的整合决策优化模型和算法以使该决策方法更贴合企业实践需要。后续研究首先需要对各因素间的复杂关系进行更深入合理的分析，以充分发挥服务型制造商在整合 SMN 资源中的主导优势；其次，因模型中约束条件较多，而蚂蚁算法还是一种探索性进化算法，约束条件在一定程度上限制了蚂蚁的搜索，导致算法的部分分解效果可能不够好，需继续改进。

2.4　本 章 小 结

本章首先对服务型制造的概念、发展状况和研究现状进行了梳理。服务型制造是面向服务的制造和基于制造的服务，以实现制造价值链中各利益相关者的价值增值为目标，通过融合产品与服务、客户的全程参与、企业相互之间提供生产性服务以及服务性生产，实现分散化制造资源的整合以及各自核心竞争力的高度协同，达到高效创新的一种制造模式；当前我国的制造企业正逐步实现由生产型制造向服务型制造的转变，西安陕鼓动力股份有限公司、华为技术有限公司等企业是实施服务型制造的典范，并带动越来越多的中国制造企业开展服务创新，实施服务型制造模式；在服务型制造的研究领域，国内学者对服务型制造相关管理问题的研究主要集中在概念、意义、价值创造机理、组织形式、应用案例等定性研究方面，量化研究有待深入。

其次，依据西安陕鼓动力股份有限公司开展服务型制造的实际案例，结合知识管理，通过分解服务型制造创新过程，分析了服务型制造创新各阶段的基本内容、知识需求和涉及的知识管理内容，创建了由学习机制、组织机制、服务机制和技术机制组成的基于知识管理的服务型制造创新机制，阐述了各个机制的内涵和作用。基于上述分析，作者提出下列建议以完善服务型制造创新机制：一是加强协作及跨组织的知识集成，即运用科学的方法来对不同来源、不同层次、不同结构、不同内容的知识进行综合，实施再建构，使单一知识、零散知识、新旧知识、显性知识和隐性知识经过集成形成新的服务型制造知识体系，而在开展服务型制造的过程中，对制造企业和客户、配套商、外协厂商之间的跨组织协作中的知识，围绕客户需求进行知识集成；二是在服务型制造网络组织中加强组织成员的学习意识和知识获取能力，服务型制造的创新需要在组织间形成网络以进行跨组织的知识管理，以利于技术学习的开展。

最后，对服务型制造网络资源进行整合和优化。服务型制造网络以服务型制造商为核心，包括供应商、配套商、外包商、第三方物流企业、银行和科研机构等服务型制造网络的产品/服务供应商。本章分析的服务型制造网络的运作特征和资源类型，在此基础上将决定网络和个体运作水平的物流、资金流、信息流、产品结构等硬环境因素以及服务观念、员工行为模式、组织结构、业务流程等软环境因素作为服务型制造网络资源整合的主导因素，提出基于主导因素评判的资源整合决策模式，构建出基于约束理论的优化整合决策数学模型，搭建了改进的蚁群寻优算法来求解整合决策的优化过程，最后借助算例仿真验证算法的有效性与可行性。通过建模方法对服务型制造网络资源进行整合和优化研究的意义在于提高服务型制造网络资源运作效率。

第 3 章　IT 能力、制造企业服务创新绩效及相关理论基础

围绕第 1 章提出的研究问题，本章将对相关的理论文献进行详细梳理，明确本书对现有研究的继承、完善与拓展的关系，同时对本书的重要概念进行界定。首先，对 IT 能力理论从 IT 能力的概念、IT 能力与组织学习之间的关系等方面展开述评，重点研究 IT 能力的内涵；其次，对制造企业的服务创新相关文献进行梳理，界定制造企业的服务创新以及服务创新绩效的概念，探究其划分构面；再次，回顾服务化战略的相关文献；最后，对组织学习相关理论进行回顾，重点分析组织学习的概念和构面，以及与制造企业服务创新绩效之间的关系。

本章将为分析 IT 能力对制造企业服务创新绩效的影响机理奠定理论基础，并丰富服务创新相关理论。

3.1　IT 能力的概念

企业能力理论是在企业内在成长理论基础上发展起来的，其源头可以追溯到古典经济学家亚当·斯密（Adam Smith）1776 年提出的劳动分工理论、Alfred Marshall 1925 年提出的企业内部成长理论和 Edith Penrose 1959 年提出的企业成长论理论。能力理论试图寻求企业竞争优势的源泉并以企业能力、资源界定企业的边界。自 20 世纪 80 年代以来，企业能力理论的研究观点各彩纷呈，但主要侧重于企业能力理论的概念及对相关范畴的探讨，20 世纪 90 年代以后相关研究主要侧重于企业能力的理论框架搭建和实证研究方面，但到目前为止还没有形成比较统一的理论分析范式。企业能力理论经历了一个从资源基础论到核心能力论，再到知识基础论，目前向动态能力论演进的逻辑发展过程，企业能力理论相应地可以分为资源基础论、核心能力论、知识基础论和动态能力论这四大流派，而 IT 能力理论是企业能力理论在信息技术条件下的重要表征。

制造企业的服务创新绩效是企业竞争优势的重要体现，而竞争优势的根源在企业内部（方润生，2005）。描述资源特性的能力观回答了"企业为什么不同"以及"企业如何获取和保持竞争优势"这两个基本问题。资源基础理论将资源视为分析企业的基本单位，如果要创造并维持竞争优势，企业就必须综合利用资

源以形成组织自身的能力，这种能力基于信息而又专属于企业，信息的获取是有形和无形相结合的过程，通常要经过一段相对较长的时间，经过复杂的交互才能形成能力（Grant，1991），企业的 IT 能力能够为企业带来竞争优势，并使企业产生更高的利润（Bharadwaj，2000），本书研究服务型制造模式下 IT 能力对服务创新绩效的影响，因而 IT 能力是其中的关键变量。目前，学术界出现了许多对 IT 能力的概念和构成进行研究的文献。

IT 能力的概念最早由 Ross 等提出，之后学者们从不同侧面对 IT 能力的概念进行了界定，对 IT 能力的具体定义见表 3-1。

表 3-1　IT 能力的定义

IT 能力的定义	文献来源
控制与 IT 相关的成本并通过实施 IT 来影响组织目标方面的能力	Ross 等（1996）
组织通过动用以及配置其自身的信息技术资源以整合组织其他资源的能力	Bharadwaj（2000）
IT 能力是有效使用 IT 工具及信息资源以分析、处理和陈述信息，而且能够模拟、测量以及控制外部事件的能力	Benzie（1997）
IT 能力是硬件、软件、共享的服务、管理实践以及技术和管理技能的集合	King（2002）
IT 能力是一种调用和部署企业信息资源从而获取长期竞争优势的社会复杂惯例	张嵩和黄立平（2003）
IT 能力是指企业组织熟练而有效地使用 IT 来管理企业信息的水平	Tippins 和 Sohi（2003）
IT 能力是指企业调动、配置以及应用 IT 资源以促进组织自身的业务重组从而获取竞争优势的能力	吴晓波等（2006）
IT 能力是对 IT 资源的管理和控制，而且能够和组织的其他资源相互作用进而共同影响 IT 效果及组织目标，最终取得长期的竞争优势	马艳峰和王雅林（2007）
IT 能力是一种动态能力，它是组织建立并执行与 IT 相关的惯例，依据内外部环境的变化并利用组织内部的资源进行设计、获取、发布以及维护 IT 相关的系统，进而取得可持续竞争优势的能力	况志军（2006）
IT 能力是一系列复杂的通过业务流程进行实践的 IT 相关资源、技能以及知识，从而支撑企业各项业务活动的顺利进行	Dale 和 Muhanna（2009）
IT 能力是一种部署 IT 资源而且能够与企业战略意图及其他的优势资源相互协调和匹配，进而能够帮助企业获得持续竞争优势的能力	曹明（2007）
IT 能力是硬件、软件、共享的服务、管理实践以及技术和管理技能的集合	Kettinger 等（1994）
IT 能力是企业组织经过有效的管理和规划，使用 IT 和相关资源以高效率地实现企业目标的能力	谢卫红等（2010）
IT 能力是企业为达到某个目标所具有的一种调用（mobilize）、部署（deploy）和集成（integrate）信息资源的组织能力，而这些资源要同企业其他资源与能力相结合	曾庆丰（2005）

从上述 IT 能力的定义来看，学者们主要从技术、战略、成本、业务流程和经营目标等多个角度界定 IT 能力的内涵，可以看出，由于研究视角和关注点的不同，各个研究者对企业 IT 能力的理解差异很大，这导致在进行 IT 能力构面的划分时也呈现了很大的差异，表 3-2 列出了学者们对 IT 能力的构成从多种不同视角上所进行的界定。

表 3-2 IT 能力的构成

IT 能力的构成	文献来源
技术资源、人力资源和业务资源	Keen（1993）
技术资源和持续的资本	Kettinger 等（1994）
IT 能力是人力资源、技术资源以及关系资源的有效整合	Ross 等（1996）
将 9 种核心 IT 能力归并成 4 种任务，即 IT 基础架构的设计、能力核心的构建、业务与 IT 视角、IS（信息系统）服务的传递	Feeny 和 Willcocks（1998）
将 32 种 IT 能力归纳成六大类，即 IT 管理、IT 基础设施、业务 IT 战略思考、IT 与业务流程的整合、IT 合作伙伴以及外部 IT 联系	Bharadwaj 等（1999）
IT 能力是以信息技术资源为基础，IT 能力能够划分为 IT 基础设施、IT 人力资源以及 IT 无形资源	Bharadwaj（2000）
IS/IT 治理、IT 部门人员对商务活动的系统性思考能力、IT 部门与其他部门的领导层之间的关系	Heijden（2001）
IT 基础设施、IT 管理能力、IT 与业务相匹配的能力	Peppard 等（2000）
信息管理、企业管理以及网络协调	Mulligan（2002）
硬件、软件、共享的服务，管理实践以及技术和管理技能	King（2002）
IT 知识、IT 运作以及 IT 实物三部分	Tippins 和 Sohi（2003）
IT 能力可划分为三个层次，即静态 IT 能力、动态 IT 能力和创造性 IT 能力，层次越高，竞争对手越难模仿	张嵩和黄立平（2003）
由内而外的能力、整合能力以及由外而内的能力	Wade 和 Hulland（2004）
IT 能力可划分与 IT 基础设施相关的能力、与 IT 人力资源相关的能力、与 IT 使能的无形资产相关的能力	Ganesh 和 Varun（2005）
配置与整合的能力、学习能力以及 IT 再配置的能力	郑大庆等（2006）
IT 技术资源、IT 互补资源和 IT 软性能力	殷国鹏和陈禹（2007）
IT 运营能力和 IT 动态能力	毕新华和张鹤达（2008）
IT 基础设施、IT 人力资源、IT 关联资源和 IT 无形资源	曹明（2007）
IT 基础资源、IT 关系资源和 IT 体系管理	谢卫红等（2010）
IT 基础设施资源能力、IT 人力资源能力和 IT 无形资源能力	张雅琪等（2011）

资料来源：本书整理，部分参考刘丽和夏远强（2009）的研究。

3.2　基于价值链的 IT 能力内涵

本书对 IT 能力的概念，IT 能力、绩效和服务创新之间的关系进行梳理后发现，如通过对信息技术和人力资源的紧密结合，对共享的 IT 服务进行重新构造，从而提供诸如计算机网络设计、数据接入与交换、业务流程支持等服务，进而能够削减运营成本并提高制造企业的绩效和竞争力。

大数据时代的 IT 能力更加重要。首先，制造企业通过有效的知识管理促进知识的循环，再借助企业 IT 能力之力，优化企业知识管理的同时优化知识管理的实施环境，才能够对企业绩效有显著的影响；其次，从关系角度来看，随着互联网对于经济的影响愈来愈大，组织的知识管理及其他管理行为也越来越依赖于IT，越来越多的学者将知识管理与企业 IT 能力结合起来，Zahra 和 George（2002）针对网络化环境下组织适应性的问题，提出只有将知识管理过程也融入大数据的时代，利用数据和技术实现企业的创新，才能使企业更加的迅速发展。仅仅依靠企业的 IT 设施，不能够作为企业的核心竞争力，更不能够作为永久竞争资源进行保护（Ravichandran and Lertwongsatien，2005），只有将 IT 能力通过在企业的管理中与知识资源及其他资源融合，才能形成独特竞争力（Ganesh and Varun，2005）。

制造企业中的 IT 能力强化服务创新对 IT 的导向性。由于服务型制造是基于制造的服务和面向服务的制造的结合，那么其服务创新过程也必然与制造的产品有千丝万缕的联系，是围绕产品而在服务概念、服务提交系统、服务提交界面和服务支撑技术上进行创新，因此 IT 能力强化是基于产品的服务创新过程对信息技术的应用。

由于制造企业的价值活动更为全面，那么与这些价值活动相关的 IT 基础设施、IT 人力资源和 IT 协同资源所涵盖的内容也更为丰富。

在 IT 基础设施方面，制造企业普遍采用 ERP、CRM、SCM、CAX（计算机辅助技术）和 MRP 物料需求计划等生产和管理信息系统来支撑企业的研发、采购、生产及销售活动，实现企业内外部的物流、资金流和信息流的流转，而在其他类型的企业中基本不需要 ERP 系统和 CAX 系统，与此同时，在原有基础上强化外联性的管理信息系统，如企业的外联网建设和客户关系管理系统的建设，以实现与外部的更深层次的信息共享，从而为服务创新提供实现基础。

在 IT 人力资源方面，由于价值链环节较多，因而制造企业所需要的人力资源要求更高，IT 相关人员的技能需求更为全面，需要对企业内部的各种 IT 系统从技能和管理方面进行熟练的掌控，因而往往需要制造企业设立专门的 IT 部门以进行企业信息化系统的建设与维护，保障信息系统的正常运行；而且制造企业中 IT 能力更加强调管理 IT 的技能，这是因为在服务导向下，很多的创新都是通过对客户需求的认真分析和挖掘而形成的，为了完成这些细节化的服务创新，制造企业内部在构建 IT 基础设施并发挥其作用的过程中需要强化对 IT 的管理，注重面向企业内外部服务的管理，IT 人力资源是服务创新在人力上的保障。

在 IT 协同资源方面，实施服务创新后的制造企业需要更加注重对 IT 资源的分配与协调，对围绕客户需求进行分析而产生的知识和信息进行深入挖掘，并以此为切入点协调 IT 资源，使 IT 基础设施和 IT 人力资源发挥最大的作用，因而制造企业中 IT 协同资源更强调信息技术与企业内部其他资源的交互，而制造企业内部资源比其他类型的企业所涵盖的内容更为丰富，因而协同效应的影响因素更为复杂，对 IT 资源的协同影响到制造企业中服务创新的过程和结果。

在本书的 4.3 节中对五个案例企业的 IT 基础设施、IT 人力资源和 IT 协同资源分别进行了分析，数据分析表明 IT 能力的三个构面所辐射的范围非常宽泛，服务创新作为主题的牵引作用更明显，可以认为是一种"金字塔形" IT 能力，向下是辐射宽泛的基础，向上则依靠服务创新进行牵引。

关于辐射范围宽泛，这能够从价值链角度进行阐释，价值链是指企业进行设计、生产、营销、交货以及维护其产品的各种活动的集合，传统的价值链可以划分为基本价值活动和辅助价值活动两类活动，制造企业的价值链是以企业储运、生产、销售、服务等业务流程为载体，以实现顾客价值最大化为直接目标而形成的企业内部价值活动的系统性结构（汪应洛，2008），而其他类型的企业，如流通企业的价值活动则涵盖的范围要狭窄一些，基本不包括产品设计和生产环节。传统制造企业的价值链如图 3-1 所示。

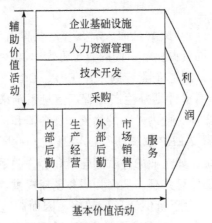

图 3-1　传统制造企业的价值链

传统制造企业价值链中的基本价值活动和辅助价值活动分别如下（蔡雨阳等，2000）。

基本价值活动包含生产经营、市场销售、内部后勤、外部后勤和服务。其中，生产经营是将有关投入转化为最终产品的活动，内容涵盖制造企业的生产过程、生产能力、生产库存、生产质量和生产人员管理；市场销售是指提供顾客购买产品的方式以及引导顾客进行购买过程中的各种活动，如广告、促销、销售团队、报价、渠道选择、渠道关系及定价等活动；内部后勤是指与接收、存储和分配原材料相关联的各种活动，如原材料的运输、质检、仓储、库存控制、车辆调度和向供应商退货等；外部后勤是把产品交给买方时发生的各种相关活动，主要是制造企业的外向物流过程（蔡雨阳等，2000）；服务是任何组织或个体以一定行为方式满足其他组织或个体的某种无形需求的活动，其过程不必依赖于有形的工具。

辅助价值活动包括采购、企业基础设施、人力资源管理和技术开发。其中，采购是指购买资产、原材料、储备物资和其他易耗品等用于实现企业价值链的活动；企业基础设施包括信息系统、制度规范、计划、财务、会计、法律、政府事务和质量管理等；人力资源管理是指各种涉及企业人员管理的活动，包括企业的人员招聘、雇佣、培训、开发和报酬管理等活动；技术开发则包括专业学科技术、设备操作技术、办公自动化、企业内外通信技术等，制造企业的价值实现依赖于辅助价值活动和基础价值活动，从这些具体的价值活动中获取价值并形成竞争优势（蔡雨阳等，2000）。

在当前的服务社会中，在技术上竞争优势的减少和相对产品利润的减少让以产品为导向的制造企业很难单纯利用产品来创造收益，制造企业开展服务型制造是应对商品化以及核心产品市场中赢利下滑的关键，而通过服务型制造进行产业升级和结构调整是制造企业获得新的可持续竞争优势的有效方法（蔡雨阳等，2000）。服务型制造模式下的服务创新是制造企业摆脱同质化竞争，形成产品差异性和企业之间非价格竞争的重要手段，在服务创新过程中，制造企业的价值链也在发生变化，如图 3-2 所示。

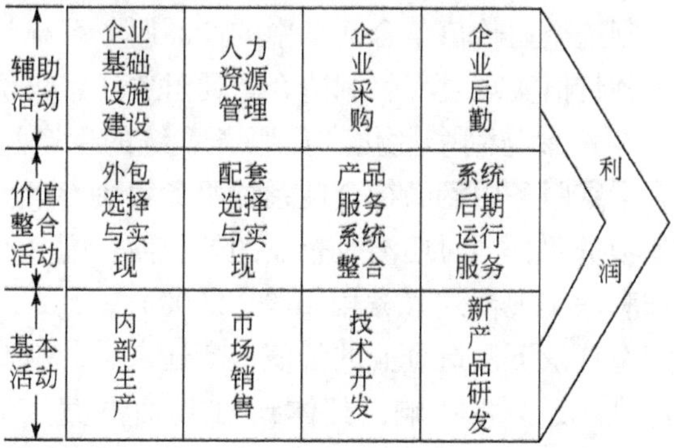

图 3-2　实施服务创新后的制造企业价值链

制造企业向下游服务移动，不断向下游扩展和延长价值链的活动称为制造服务化，企业的价值活动划分为辅助活动、基本活动和价值整合活动，辅助活动包括企业基础设施建设、人力资源管理、企业采购、企业后勤（包括企业的内部后勤和外部后勤）；基本活动包括内部生产、市场销售、技术开发和新产品研发，其中新产品研发是指从研究选择适应市场需要的产品开始到产品设计、工艺制造设计，直到投入正常生产的一系列决策过程，这一基本活动并不等同于技术开发，两者涉及的对象不同，在制造企业中，新产品研发既涉及产品还涉及产品相关的服务流程设计与实现（蔡雨阳等，2000）。

在制造企业的价值链中出现了价值整合活动，这些活动形成了制造企业服务创新的重要方面，涵盖外包选择与实现、配套选择与实现、产品服务系统整合以及系统后期运行服务等服务创新活动。其中，外包选择与实现涉及选择外包商、完成分包任务并进行评价和准确预测；配套选择与实现是制造企业提供核心产品，而外围配套设备则依靠与配套商的合作来完成，从而实现产业链和配套资源的优化整合，强化为客户提供系统集成和系统服务的能力；产品服务系统整合是在服务化趋向下制造企业通过运用知识、专业化分工以及对分散资源的整合，从而将知识、信息、技术、物质转化为顾客满意的产品服务系统这一过程；系统后期运行服务涵盖产品服务系统在交付顾客后的持续运行过程中的维修检修、监测诊断，以及升级改造、机制耗材、二手设备调剂、保姆式托管、备品备件管理、融资租赁、培训、咨询等能够给制造企业带来全方位增值的后期服务，而这一价值整合活动在装备制造企业中的应用最为典型（蔡雨阳等，2000），当制造企业强化服务创新时，其价值链会在多个方面体现出这种以服务为导向的价值创新特性来。

在四项价值整合活动中，制造企业首先要处理自身与上游的外包商、配套厂商等合作伙伴之间的关系，与它们共同创造价值并协调与这些合作伙伴的价值获取关系；其次，制造企业服务价值创造的源泉直接来自于顾客在实现价值条件下所产生的支付意愿，制造企业价值整合活动中的产品服务系统整合以及系统后期运行服务即体现了这种价值实现过程，制造企业通过关注客户价值并依托对分散化资源的整合，引导客户参与到个性化产品服务系统的生产过程或个性化服务中，向客户提供具有丰富服务内涵的综合性系统服务解决方案，这一整合过程不仅涉及企业内部的各项资源，同时还涉及企业的外包商、配套商和客户，形成了一体化的服务创新和利润实现模式（蔡雨阳等，2000）。

从上述服务型制造背景下制造企业的价值链变迁来看，制造企业的服务创新策略会在企业内部产生一系列的影响，具体到 IT 能力方面，在信息社会，信息技术（IT）在企业发展中发挥着非常重要的作用，企业能够利用 IT 来促进知识共享，专业化的信息技术有助于整个企业管理水平和绩效的提高。但 IT 的使用本身并不能为企业带来竞争优势，企业从 IT 中获取的优势可以通过多种资源间的互补之后，再嵌入组织，最终形成企业的 IT 能力。

IT 能力能够促进组织记忆，使得组织能够对信息很方便地进行编译、交流、吸收、存储和检索，从而极大地增强企业获取和集成显性知识的能力，大大提高了组织将过去和现在的知识应用于解决组织目前面临问题的能力。

3.3　制造企业服务创新与服务化战略

3.3.1　创新与服务创新

1. 从创新中脱颖而出的服务创新

创新是以新思维、新发明和新描述为特征的一种概念化过程，创新一词起源于拉丁语，它原意有三层含义：第一，更新；第二，创造新的东西；第三，改变。美国福特汽车公司作为著名的汽车制造企业，在 20 世纪其创导的生产方式使汽车成为一种大众产品，它不但革命了工业生产方式，而且对现代社会和文化都产生了巨大的影响，公司创始人亨利·福特在当时就认为"不创新，就灭亡"，这可以说是制造企业最早的创新宣言。在市场竞争激烈、产品生命周期短、技术突飞猛进的今天，"不创新，就灭亡"的现象更为显著。创新是企业生存的根本，是企业发展的动力，也是企业成功的保障。

在过去 40 年中，服务经济逐渐成为主导，在大多数工业国家中服务占据着就业和产量的大部分（Gustafsson and Johnson，2003），很多服务部门和制造企业都把服务看做是主要的经济增长地带，服务在创新的实施过程发挥着重要的作用，同时影响着创新（Laperche and Picard，2013），著名的诺迪克学派服务学创始人 Grönroos（1990）将服务定义为：服务是一系列的工作，而这些可以认为是一种无形的自然行为，这一行为形成于顾客以及提供服务的职员之间，或者源于顾客与物质资料、产品或是提供服务的某个系统之间，这是正常的，但并非必然会存在，可以认为这些工作是被作为一种解决问题的方案而向顾客提供的。IBM 服务研究小组认为服务是供应商和顾客协同创造或获取价值的交互过程。在协同创造价值的过程中，顾客直接参与体验服务所带来的满足感，并适时提出要求，从而对服务效果产生影响（孙林岩，2009）。服务是向着顾客效用最大化的方向不断加以修正的过程，与此同时，服务也是企业减少成本、风险和不确定性的一种方式, 而且能够节约时间、增长知识和信息, 并提高企业的社会地位和威信 (Furrer, 2010)。有数据表明, 在美国和新兴的印度经济中, 大约70% ~ 80%的经济体是依靠服务业和那些依赖于创新的产业上的成功而实现的 (Ostrom et al., 2010)。由此可见服务和创新在社会的发展中发挥着重要的作用。

服务也在与时俱进地发生着变化, 而这种变化正是服务创新的体现。服务型制造是制造企业应对服务经济的企业发展模式, 而如何设计和实现服务则需要通过服务创新来完成。当前对服务创新的研究划分为两类, 一类是服务创新在社会中的应用, 如健康与医疗、IT与网络、公共服务等; 另一类是服务创新的基本理论, 如服务管理、服务生态系统、服务质量服务等 (Sakata et al., 2013; Chae, 2014)。对制造企业服务创新的研究属于服务生态系统的一部分, 而对制造企业所衍生出的相关服务的研究是一个交叉学科领域 (Boehm and Thomas, 2013)。由于仅凭技术已经并不能保证竞争优势的持续性, 以产品作为导向的制造企业难以仅凭产品去创造收益, 但是通过服务创新, 制造企业能够应对商品化的挑战并保持赢利。开放式的服务创新是制造企业借助产品到产品服务系统的转换来发展其创新能力, 从而更好地满足客户需求并逃离商品化陷阱的方式 (Chesbrough, 2011)。通过服务创新进行产业升级和结构调整是制造企业获得新的可持续竞争优势的有效方法 (赵益维等, 2013)。

学者们用服务创新战略来描述并解释制造企业的服务转变过程, 研究认为当服务营业额占总营业额的20% ~ 30%时会出现来自服务的持续性回报临界点。制造企业进行服务转变的可行性解决方案将产品与服务进行规整而形成融合性框架 (Nishino et al., 2013)。服务转变过程的出现以企业的服务导向为前提, 在形成更高的客户价值和竞争优势时, 客户支持服务的发展与产品导向到服务导向的转变密切相关, 客户支持服务意味着制造企业必须具有密切的客户关系和良好的客户业务知识, 制造企业不仅要关注生产产品, 还要注重提高生产率并最大化产品相关流程 (Jacob and Ulaga, 2008)。正因为此, 如果希望在服务提供上获得成功, 制造企业就必须具有充分的服务导向。

在数字经济时代, 服务创新迅速演变成为社会经济增长的主要驱动力, 同时也是满足社会需求的一种方式和提升产业竞争力的路径 (Wu et al., 2010)。服务创新不仅成为服务企业发展的关键因素, 在制造企业中也逐渐演变为企业发展的重要牵引力。近些年来, 国内外学者对制造业的服务创新进行了许多研究, 相关的研究文献也在呈现逐年递增的趋势, 这些文献频繁地出现在各类期刊上 (蔡雨阳等, 2000)。该领域的研究目前虽然已经取得了一定的成果, 但还较为零碎, 因此对实际的产品-服务整合以及服务在制造企业中传递过程的理解还不全面。自从20世纪90年代以来, 服务和制造之间出现了转移关系, 其形式表现为混合生产系统以及混合制造与服务过程的出现（Bryson，2009）。管理和工程方面的文献也拓宽了制造企业中产品服务系统的概念界定、类型和实施方法等方面的知识（Geum and Park，2010，2011；Aurich et al.，2010）。学者们也注意到产品制造商不断进行的服务强化不应该被看做是制造型组织向服务导向型企业转变的单维度努力，而是多种商业逻辑共存的精巧平衡活动。目前还不清楚产品制造商如何将基本产品相关的服务转变为具有更高差异化潜能的产品服务系统（Antioco et al.，2008），但可以肯定的是制造企业所提供的产品服务系统是将产品和基于产品的服务进行整合后形成的，产品服务系统是制造企业为了产生卓越的绩效而形成的特定种类的服务创新（Laperche and Picand，2013；Cook and Gottbeng，2012），无论产品和服务之间如何连接，包含着服务的混合产品得以发展的主要因素都是制造企业盈利的提高和可持续竞争优势的获取（Baines et al.，2010）。制造企业获取利益的能力取决于其在服务上的经济规模，以及在产品和服务上的经济规模（Akan et al.，2011）。产品服务战略能够影响整体的客户满意度，有利于客户去接受新产品，并且可以加强客户信息以及供应商的可信性，因此这些企业开展并不断强化服务创新或进行新服务开发，即将注意力逐渐转移到能够产生更高利润的以产品为核心的延伸服务上，不断加强产品服务系统的开发与实现。

2. 服务创新的内涵和过程

自 Gershuny 在 1978 年提出服务和创新之间的关系后，服务创新和服务转变的影响方面的文献就不断涌现。国内外学者从多个视角提出了服务创新的内涵，详见表 3-3。

表 3-3　服务创新内涵的不同表述

提出年份	内涵	学者
1995	服务创新是提供给客户新的解决方案，它包括两种主要的形式：一是结合新问题或概念形成新的问题解决方案；二是以生产力、质量的提升这些更有效率的方式解决客户的问题	Gadrey 等
1998	服务创新是无形的，它们通常不是实物，而是一个提供解决问题的新概念或新理念	Bilderbeek 等
1998	新服务开发指的是新的服务或服务的创新，使产品达到更高超的性能和竞争优势。新服务是一个创新，直接或间接地改变了服务提供层的形式或质量	Johne 和 Storey
2000	服务创新是直接面向用户的一切活动的改进	鲁若愚
2002	狭义的服务创新是指那些仅发生在服务业中的创新性行为，而广义的服务创新则是指所有与服务相关或针对服务的创新性行为	菲茨西蒙斯

续表

提出年份	内涵	学者
2003	一种新的有意义的变化，此种变化能够分别发生在服务理念、与客户相互交往的渠道、技术理念和服务的传递中，也能够同时发生于这些过程的组合之中	Ark 等
2003	服务创新是在服务过程中采用新的思想以及新的技术以改善和变革现有的服务流程及服务产品，从而为客户创造新的服务价值，并且在最终形成企业的竞争优势	许庆瑞和吕飞
2003	服务创新并不仅限于服务的独特性和新颖性，而且关注于服务概念、客户界面、传递系统和技术选择等新的服务概念	Jong 等
2004	以服务包为视角，服务创新是指服务型组织为了获取更大的利益，向客户提供全新的服务包，以形成差异化，并获得竞争优势	李刚和余倩
2007	服务创新的实质是不可编码知识（暗默知识）向可编码知识的转化	Thorsell
2008	服务创新是企业组织为了提高服务质量并创造新的市场价值而发生的服务要素上的变化，并且对服务系统进行动态变革的过程	Blazevic 和 Lievens
2008	服务创新是指引入一种更有效而尚未被采用过的服务手段或方法，并实现其市场价值的活动过程	Paton 等
2008	服务创新是指收益传递、服务观念、商业模式、运作、技术、员工行为或者客户体验上的新颖性	Verma
2009	服务创新是指产业有目的、有组织的变革服务要素、服务系统，以提高服务质量、创造新的市场价值、提升核心竞争能力的过程	杨袆
2009	服务创新是新的或有所提升的服务，或者是延伸已有服务的提升过程	Bygstad 和 Lanestedt
2010	服务创新是提供与全新的服务满足，即服务组织通过服务概念、服务传递方式、服务流程或者是服务作业系统等方面的变化、改善或变革，从而向目标客户提供更加高效、周到、准确和满意的服务产品，进而增强客户忠诚度并创造出更大的价值和效用	梁光雁
2010	服务创新在很大程度上是"以客户为中心的"一系列活动，其目的是通过创造新服务来满足客户当前和潜在的需求	张若勇等
2012	服务创新是指核心内容为全新的或经过重大改进的无形服务，通常以新服务或新商业模式的形式而出现在市场上，并且经过商业化过程而直接创造新客户价值的创新活动	曲婉等

上述学者们对服务创新的概念和内涵分别从不同的角度进行阐明，但究其本质，本书认为服务创新是企业根据整体战略和创新战略，在企业内部要素和外部环境的推动下，向客户提供全新的或持续改进服务而实现企业价值创造的正式的或非正式的开发活动。服务创新是通过对服务概念、服务提交系统、服务提交界面和服务支撑技术上的创新而实现的。

在具体的服务创新过程上，Jones 和 Samalionis（2008）认为，服务创新要经历如下五个阶段：①培养对市场的洞察力；②创建根本的价值主张；③探索创造性的服务模式；④完善改变交付的规则；⑤通过重复性的试验来完善新的服务。Stathel 等（2008）将服务创新的过程分为理念的挖掘、理念的管理、对设想的评估、服务的实现和服务评估这五个部分，在商业价值网络中服务创新的挑战主要体现在网络管理、服务的无形性和知识产权上，同时服务创新很容易被复制，所以需要不断进行服务创新。从价值链角度来看，服务业务的发展沿着三个轨迹进行：一是现有供应商和客户关系价值这两方面的渐进增强；二是在制造企业从供应商和客户关系中不断寻求经济价值；三是在价值链的下游形成激进飞跃的新价值格局（赵益维等，2013）。依据知识管理的视角来看，知识是服务创新的基础，尤其是在知识经济时代，知识愈显重要，服务创新过程是一个新知识不断"积累—学习—积累"的螺旋式运动过程。

3.3.2　制造企业的服务创新相关理论

当前，在制造业的内部，由服务带来的销售量以及边际利润正在不断增加，通过向企业的客户提供产品相关的服务和客户支持服务，这样的服务拓展是服务创新的过程，它使得制造企业逐渐由产品生产者转变成为客户支持方案提供者（Oliva and Kall，2003），从价值理论来看，这种转变能够使制造企业重新进行价值定位，从趋势上看是从保证客户使用有形产品的基本功能向支持客户经营过程的有效性和高效性上发展（蔡雨阳等，2000）。对制造业而言，服务创新是指直接面向用户的一切活动的改进，不仅包括狭义上服务创新的内容，还包括提供以产品为载体的特色服务，其目的在于挖掘现有产品和新产品的潜在收益，并通过相应的信息、技术支持及咨询服务从而与客户在产品质量和服务方面结成动态交互的伙伴关系（鲁若愚，2000），制造企业的服务创新是围绕整个产品生命周期中服务内容的变化或与客户互动关系的变化而进行的创新活动（Wise and Baumgartner，1999）。制造业可以通过服务创新手段获取差异化竞争优势和先行优势，并直接创造价值（赵益维等，2013），而服务增强是制造企业服务创新的主要模式之一，制造企业需要在企业内部形成一种整合的服务创新能力，来提升企业自身的竞争能力，并使服务创新能力发展成为企业的核心能力（蔡雨阳等，2000）。本书认为制造企业的服务创新是在服务导向下，为了创造新的市场价值，制造企业依靠其内、外部资源，围绕有形实物产品并结合客户需求而进行的新服务或产品服务系统的研发和实现活动。

在制造业服务创新的模式方面，通过基于服务创新的差异化竞争手段而获取优势，从而形成"服务增强"型的产品和制造业（Wietze and Tom，2002）。在分析产品制造企业中产品相关的服务创新时，有学者将服务创新分为多种创新形式，主要包括重大创新、创始新业务、提供新产品、对产品进行改进，以及在产品线上的扩展，甚至产品形式上的变化也是一种创新的形式（Gebauer et al.，2008a），而制造企业的服务创新具有开发与企业产品相关的服务、发展面向特定关系的服务以及为客户提供整体解决方案这三种具体的模式（Gebauer，2008），在模式的过渡和转变过程中，制造企业对客户业务的了解程度不断地深入，服务的针对性也依次递进（蔡雨阳等，2000），所以企业对服务创新的要求也不断增高。

1. 制造企业服务创新的动因

当前，世界已进入到以服务经济为代表的后工业社会，服务的作用日益凸显，制造企业通过为客户提供产品全生命周期服务而获得稳定的收益来源。对企业来说，客户价值是其感知收益和感知成本的差值，因而能够通过需求、产品或服务的属性和整体成本这三个交互的因素来界定客户价值（蔡雨阳等，2000）。

制造企业服务业务的开发应基于客户价值生成过程，服务开发战略的实施需要改变传统以产品生产为主流的企业文化，创造产品与服务共生的文化氛围。客户价值的创造者包括服务提供商和网络合作伙伴，也包括客户，客户需要主动参与到产品服务系统的实施过程中，才能完成产品服务系统（蔡雨阳等，2000）。对制造企业来说，在价值创造上具有产品和服务两种导向，在产品导向下，企业通过增强服务属性来增加价值，服务使产品更好地为客户创造价值的同时也在创造着新价值；而在服务导向下，客户价值则主要源自服务，产品则构成了服务的载体（蔡雨阳等，2000；Cook et al.，2006）。为了创造客户价值，制造企业将产品和服务进行个性化融合，向客户提供满足其特定需要的产品服务系统，从而提高客户的忠诚度和保持率。产品的销售能够和服务的销售相得益彰，服务的提供使得制造企业更接近客户，同时也加强了从服务到产品销售的正向反馈（Kastalli and Looyc，2013）。制造企业所提供的产品服务系统是一种创新战略，在这种创新战略中制造企业将重点从仅仅设计和销售物理产品转移到设计和销售能够共同满足特定客户需求的产品和服务上，形成以服务为基础的战略，由于服务的无形性和难以复制性而能够为制造企业提供一种很有吸引力的成功可能性（赵益维等，2013）。由此可见，产品服务系统的开发和提供过程等同于制造企业开展服务创新的过程，也是服务型制造的实现过程。

客户从最初不甚了解产品到后来主动共同参与到产品服务系统的交付过程中，客户关注的不是有形产品的占有而是价值和效用的实现，可见满足客户功能

需求或 "效用" 是产品服务系统的主要目标，制造企业的服务创新可以认为是制造商的角色从产品提供者向服务提供者转变的动态过程（Prahalad and Ramaswamy，2004）。制造企业实施服务创新的战略有多种形式，主要包括提供售后服务、客户支持服务和发展互动伙伴等（Gebauer et al.，2008b）。在具体战略上，制造企业的服务创新战略首先是一种差异化战略，只有更贴合客户需求的差异化才能准确定位客户，而这种差异化来自产品的特征以及其中蕴含的特殊个性化服务。服务创新是实施差异化战略的重要手段，并能为技术创新的成功提供一定的保障。企业如果要以差异化服务战略取胜并创立品牌上的优势，就必须从取得客户的心理认同、逐步弥补客户能力上的欠缺并满足客户的个性化需求等多个方面入手，进行充分的顾企沟通，并在产品和服务上融入富有企业自身特色的独有文化内涵（赵益维等，2013）。

制造企业服务创新的基本驱动力是形成其特有创新模式的基础，同时也是创新模式的决定因素，而驱动力要素的组合能够形成制造企业的系统化创新环境（赵益维等，2013），有学者将服务创新的驱动力分别从内部和外部进行分析，研究认为在企业的内部有三种力量的驱使，即企业的战略和管理、员工、创新部门及研发部门，而外部的驱动因素则更多，主要包括轨道和行为者两个方面，前者包括技术轨道、制度轨道、服务轨道、管理轨道以及社会轨道，后者则包括竞争者、客户、公共部门以及供应商（胡松等，2006），这个驱动力模型对制造企业的服务创新同样适用，并揭示出战略管理与组织因素对服务创新具有十分关键的推动作用（赵益维等，2013）。

2. 制造企业的服务创新定位

由于服务创新体现在收益传递、服务观念、商业模式、运作、技术、员工行为以及客户体验的新颖性这些方面（Verma et al.，2008），制造企业客户支持服务涵盖企业的服务转变、服务提供和开发项目（赵益维等，2013）。许多制造企业都在努力提高其服务定位，服务转变是从商品到服务的连续性、渐进式变化过程（Davidsson et al.，2009）。Oliva 和 Kallenberg 在 2003 年的研究中就发现从产品导向到服务导向具有连续性，重点验证了企业从产品到服务这一连续转变中的不同定位，包括巩固和产品相关的服务、进入服务市场、向基于关系的服务或以过程为中心的服务拓宽、接管最终用户的业务操作（赵益维等，2013），从产品导向到服务导向的转变过程与重心由交易转到客户关系这种变化密切相关（Molly and Schwenk，1995；Brax，2005）。因此，很多的制造企业在服务型制造下进行服务创新，希望借助产品支持服务和客户支持服务来促进企业的成长，产品支持服务的典型案例是培训或售后服务，而客户支持服务则主要涉及产品的客户支持服务过程，包括接收和管理客户的维护运行、进行备品和备件管理或是向客户提供运作流程方面的建议（赵益维等，2013）。

目前，虽然基于能力的战略在不断普及，对能力的研究也日益深入，但基于产品的战略定位在制造企业中还是最寻常和稳定的，也居于主导地位，这些战略包括提升和创新能力，譬如技术、知识和能力，而这些都是和服务组织相一致的（Cagliano et al.，2005）。Martin和Horne（1992）观察到对那些试图提高服务定位的制造企业而言，由于缺乏正式的规程，新服务开发成为一种战略障碍，而服务创新只是碰巧发生。新服务通常是在当前服务基础上的提升，它更多地是由市场而不是技术进行驱动的，并且制造企业对新服务开发的投资通常比较低，新服务观点常常来自于员工和客户之间的互动（Gremyr et al.，2010）。此外，将客户支持服务的视角向服务创新拓宽通常会提供服务创新的附加成功因素，高层管理人员对服务创新的持续鼓励很重要。De Brentani（2001）研究认为在向新服务领域拓展过程中，提供导引具有重要的作用。同时，领导者的重视程度以及在企业文化和人力资源管理上不断提高的服务定位都会影响到客户支持服务战略的实施。

制造企业将其供应在服务而非单独的产品上进行延展，从基于交易的以产品为核心的客户关系中的不完整供应向基于相关性的客户关系的完整供应转变。其中，供应的完整性可以采用捆绑和拓展产品和（或）服务的方式来满足客户需求（Penttinen and Palmer，2007），对产品和（或）服务进行捆绑后作为一个整体来向客户进行供应，这样至少可以为某一部分客户创造价值（Stremersch and Tellis，2002；Kowalkowski et al.，2009）。制造企业创造新服务的方式不止一种，在制造企业服务创新的相关研究中，学者们对借助技术来取得潜在优势已经达成共识。尽管如此，引入以技术为基础的服务由于需要以技术上的解决方案替代与客户间的私下交往，这可能会引起客户的潜在抵触而受到一些企业的质疑，客户可能会对新服务的财务利益产生怀疑（Bitner et al.，2000）。这些因素造成一些制造企业竭力出售其现有的技术系统，而其中的重要问题是销售人员和客户都没有意识到服务的附加值；此外，由于系统具有复杂性，随着信息处理难度的日益增大，供应商必须熟悉客户的整个流程，才能为客户提供满足其实际需要的产品服务系统。可见，以技术来推动产品及服务，依靠技术的力量实现产品和服务，并最终通过融合了产品和服务的产品服务系统来创造价值是制造企业服务创新的正确导向，技术，特别是信息技术发挥着重要的作用。

3. 制造企业服务创新过程的影响因素分析

制造企业的服务创新过程受到企业内、外部两方面因素的影响，同时服务创新还受到企业在合作生产实践中与前期伙伴的匹配度、合作伙伴具有的专业技术以及承诺的影响（Chen et al.，2011）。服务中介机构不但是重要的服务创新知识源，同时也构成了制造企业进入异质性社会网络的桥梁，因此能够帮助制造企业解决跨界搜索难题，促进服务创新（张文红等，2010）。在企业外界，由于政府在服务创新的每个阶段都能够运用不同的政策工具来为创新者提供补充性资源而发挥着重要作用，政府能够提供的资源包括市场和技术方面的信息、帮助接入战略伙伴的网络以及提供咨询服务等，这些都能够增加创新者成功的机会。

在制造企业的内部，企业对服务研发的投资力度小于对产品研发的投资力度，这在某种程度上是由于传统上的产品研发需要更多的资金投入，但是服务创新则更需要在人力资源以及其他一些软性资源上的持续投入才能产生更高的绩效（Homburg et al.，2003）。制造企业在服务业务上的开发需要领导者的足够重视和员工层的配合实施，这两方需要共同致力于服务开发整体过程的设计、实施和控制，通过合理的战略部署、组织安排和管理协调以保障企业员工能够有效地完成工作并向客户提供相关的服务产品。因此，员工的积极性是决定服务创新能否成功的关键（Manzini et al.，2001；Cadwallade et al.，2010）。在服务创新的具体实施过程中，服务的特征、市场定位以及创新绩效会共同影响新服务开发（Jaw et al.，2010）。制造企业中核心产品与服务的关联度，对服务比率以及企业价值的连接起到正向调节作用，因而也可能会影响服务创新的效果。

新服务开发是企业依据整体战略以及创新战略，在企业内部要素和外部环境的共同推动下，通过在服务概念、服务提交系统、服务提交界面以及服务支撑技术上的创新而向客户提供全新的或者是改进服务的正式或非正式的开发活动（Den，2000；蔺雷和吴贵生，2005），因此可以认为新服务开发即是服务创新，而服务运营管理和创新管理的相关研究则揭示了服务创新能够提高企业的绩效（Berry et al.，2006；Jaw et al.，2010），从而成为企业取得竞争优势的关键。服务创新绩效的良好与否将决定客户是否愿意再与卖方进行交易行为，因此好的服务创新能使得客户对企业的服务持续满意、增强客户对企业服务的信赖，从而产生更高的再购意愿。

4. 制造企业的服务创新概念和服务创新绩效

当前，为了获取新的利润空间并保持竞争优势，已经有越来越多的制造企业意识到服务在创造企业利润并增加客户满意度方面所具有的独特作用，服务也因此逐渐演变成为制造企业创造优先客户价值并取得竞争优势的关键因素之一（Matthyssens and Vandenbempt，1998）。在制造业内部，正在发生一场革命，由服务所产生的销售量和边际利润在不断增加，通过向客户提供产品相关服务和客户支持服务，制造企业从产品生产者转变为产品服务系统供应方，从价值分析上来看，这种转变可以使企业的价值定位从保证客户使用有形产品的基本功能向支持客户经营过程的有效性和高效性上发展，即通过提供产品相关服务和客户支持服务及相应的组合，使客户在使用产品过程中保证产品有效运作时间和收益均达到最大化，而客户对那些有形产品的总体拥有成本也在不断减少（蔡雨阳等，2000）。

对制造企业而言，服务创新是指直接面向用户的一切活动的改进，不但涵盖狭义服务创新的内容，还涵盖了提供以产品为载体的特色服务，而服务创新的目的在于挖掘现有产品和新产品的潜在收益，并借助相应的客户信息分析、技术支持和咨询服务等方法与客户在产品质量和服务等方面形成一种动态交互的伙伴关系（李钢和余情，2004）。也有学者从服务创新的角度对制造业的发展开展了研究，研究结论表明制造业能够通过服务创新手段以获取差异化竞争优势和先行优势，并直接创造价值（蔺雷和吴贵生，2003）。Wise 和 Baumgartner（1999）提出制造企业的服务创新是围绕整个产品生命周期中服务内容的变化或与顾客互动关系的变化而进行的创新活动。

本书结合诸多观点，认为制造企业的服务创新是企业根据整体战略和创新战略，在企业内部要素和外部环境的推动下，向客户提供全新的或持续改进服务而实现企业价值创造的正式的或非正式的开发活动。制造企业的服务创新是通过在服务概念、服务提交系统、服务提交界面和服务支撑技术上的创新而实现的。制造企业的服务创新绩效是结合客户需求进行服务创新后而对企业发展形成的促进结果，服务创新绩效由服务的三个特征（不可分离性，异质性和易朽性）、市场定位和创新努力这三方面的因素驱动，服务创新绩效表现在企业的市场绩效、服务研发效率和顾客吸引效果上。其中，市场绩效指在特定的市场结构下，制造企业的产品和服务提供行为使其自身在产量、成本、利润、产品质量、品种以及技术进步等方面所达到的潜力和状态；服务研发绩效是指制造企业基于产品、面向客户而进行的新服务开发的效率和效果；顾客吸引绩效则是指经过其自身对服务的关注、创新和实现过程而对客户形成的持续吸引力。

针对服务创新绩效的衡量，学者们充分考虑到创新目的、运作情况以及衡量标准，并从微观层面提出了各种相异的绩效评价维度（杨袆，2009）。国外的学者中，Cooper 和 Kleinschmidt（2000）借助要素分析将财务绩效、机会窗口和市场影响作为绩效指标；Brentani（2001）认为在服务创新绩效的衡量上应该选用四个相互独立的指标，即销售和市场份额、竞争力、其他推动因素和成本；Voss（1992）将服务创新绩效的衡量划分为对结果的衡量以及对过程的衡量，对结果的衡量包括财务衡量、竞争力衡量和品质衡量，对过程的衡量则涵盖标准成本、有效性和速度三个方面；Cordero（1990）则区分了整体业务绩效、技术绩效和商业绩效，分别对其进行概念界定，并借此衡量服务创新绩效；Storey 和 Kelly（2000）将财务衡量、基于客户的衡量、内部衡量以及行动方案层级的衡量作为衡量新服务开发的基础。

服务创新绩效由服务的特性、市场定位和创新努力三方面的因素驱动（Jaw et al.，2010）。国内学者认为"绩效"主要集中于效率和效果，因此创新绩效也主要体现在这两个方面，企业家导向的创新性、先动性对服务创新绩效有显著影响；企业的资金能力、网络能力和管理能力与服务创新绩效之间存在显著的正相关关系；环境不确定性对企业家导向、组织能力与服务创新绩效之间的关系起调节作用（赵益维等，2013）。学者们经过研究后提出企业的创新性、先动性和风险趋向、资金能力、技术能力、管理能力以及网络能力这些因素会影响服务创新绩效，可以认为服务创新绩效的影响因素具有多面性，而环境不确定性在企业家导向、组织能力与服务创新绩效的关系中存在显著的调节作用，顾企交互通过影响组织的动机和行为继而影响服务创新绩效（张若勇等，2010），但是制造企业的技术协同对新服务绩效则产生负面影响（Cooper and Kleinschmidt，2000）。学者们已经注意到绩效的衡量和影响因素是制造企业服务创新研究中的重要组成部分（赵益维等，2013），但目前相关研究特别是实证研究还需要深入开展。

3.3.3　服务化战略

关于制造企业的服务化战略，从国际上来看，投入产出情况体现出全球制造业服务化总体水平不高，代表性国家的制造业服务化系数一般在 10% 以下（表3-4），黄群慧和霍景东（2015）从 2014 年我国上市公司年报中整理出 15 家有代表性的制造业企业，从服务产出情况看，我国上市公司制造企业服务业务占总收入的比重普遍不高（表3-5），该比例大多处于 20% 以下，有 5 家企业该比例低于 10%，其中超过 20% 的有 4 家，超过 30% 的有一家——西安陕鼓动力股份有限公司，该公司的服务收入占总收入的比重为 31.15%。

表 3-4　主要国家制造业服务化水平　　　　　　　（单位：%）

国家	1995 年	2000 年	2002 年	2005 年	2007 年	2009 年	2011 年
澳大利亚	0.54	2.79	4.31	4.95	4.91	5.32	5.61
巴西	0.30	0.23	0.14	0.12	0.10	0.11	0.13
加拿大	5.03	6.03	6.33	6.44	6.19	6.60	6.72
德国	4.94	5.11	5.34	4.90	4.91	4.89	5.06
丹麦	1.45	1.41	1.29	1.61	1.55	1.40	1.43

续表

国家	1995 年	2000 年	2002 年	2005 年	2007 年	2009 年	2011 年
西班牙	3.73	3.47	3.66	3.82	4.05	3.84	3.79
芬兰	4.39	6.53	9.21	9.65	10.80	11.44	10.19
法国	0.37	0.54	0.50	0.49	0.46	0.43	0.41
英国	5.58	6.90	6.96	7.20	6.63	6.55	6.82
印度	6.91	3.86	1.78	0.92	0.89	0.92	0.95
意大利	3.32	4.12	3.88	4.06	4.24	4.03	3.96
日本	1.17	1.33	1.23	1.25	1.26	1.09	1.15
墨西哥	1.73	1.60	1.58	1.76	1.75	1.84	1.63
荷兰	8.88	9.14	10.15	9.79	9.09	8.79	8.55
瑞典	4.99	8.27	8.20	8.62	9.56	10.07	10.29
美国	3.11	3.08	3.30	2.98	3.01	3.22	2.76
算术平均	3.53	4.03	4.24	4.29	4.34	4.41	4.34

资料来源：根据 WIOD（世界投入产出数据）相关数据计算。

表 3-5　我国上市制造企业服务化情况（2014 年）

序号	企业名称	制造业务	服务业务	占比（%）
1	西安陕鼓动力股份有限公司	能量转换设备	能量转换系统服务、能源基础设施运营	30.15
2	广西柳工机械股份有限公司	土石方机械	融资租赁业务	4.38
3	青岛海尔股份有限公司	家电产品	渠道综合服务业务	19.65
4	中联重科股份有限公司	工程机械	融资租赁业务	3.60
5	哈尔滨博实自动化股份有限公司	称重包装设备	产品服务	22.31
6	天广消防股份有限公司	专用设备制造业	消防工程	11.71
7	上海神开石油化工装备股份有限公司	石油钻采设备	工程技术服务	14.58
8	郑州煤矿机械集团股份有限公司	工业（机械制造）	贸易	23.22 *
9	天地科技股份有限公司	矿山自动化、机械化装备	矿井生产技术服务与经营	8.97
10	秦川机床工具集团股份公司	机床类	贸易	25.40
11	洛阳轴研科技股份有限公司	轴承设备	技术性收入	13.64
12	烟台杰瑞石油服务集团股份有限公司	油田专用设备制造	油田工程技术服务	10.69

续表

序号	企业名称	制造业务	服务业务	占比（%）
13	中兴通信股份有限公司	运营商网络\终端产品	电信软件系统、服务	14.22
14	宁波波导股份有限公司	手机及配件	软件及技术服务收入	1.52
15	成都振芯科技股份有限公司	卫星定位终端	设计服务	6.70

＊为 2014 年半年报数据。

　　学者们也对制造企业的服务化战略开展了研究，20 世纪 80 年代初，国外学者开始从战略层面研究制造型企业的服务模式，此后，陆续有学者对制造企业的服务战略不断进行深入研究。21 世纪初，有学者针对制造与服务之间的关系提出了"产品–服务连续图谱"的概念，即从单纯产品制造商到服务提供商是一个连续体，连续图谱的一端强调有形产品的重要性，将服务仅作为产品的附加物；而另一端则强调服务的重要性，产品仅占据了总价值创造的很小一部分，而制造企业服务转型是企业管理实践的重要问题之一，国内外学者提出多种不同的服务化战略表述方式，有学者提出了服务导向的制造战略（service-oriented manufacturing strategy）（Brentani，2001），Homburg 等（2003）提出了服务导向战略（service-oriented strategy），Tim Baines 等（2010）提出了以产品为中心的服务化运作战略（operations strategy for product-centric servitization），上述学者对服务化战略进行了不同的表述，但本质是一致的，即认为服务化战略是以客户为中心，在销售产品的基础上增加服务，而企业提供的服务从以"产品为导向的服务"向以"用户过程为导向的服务"转变，在转变过程中强调客户互动关系从以交易为基础向以关系为基础的转变（Voss，1992），并且服务化战略对服务绩效有正向影响，价值共创在服务化战略与服务绩效之间起到调节效应（康遥等，2016）。

　　战略模式不仅指在行动前的计划或手段，还可表示为一系列的具体行动和企业真实业绩。从战略模式角度出发，关注制造企业服务转型的国内外学者开始思考以"产品服务系统"的方式为客户提供高价值方案，将服务嵌入产品之中，进而展开对服务化战略模式的研究。一部分学者侧重于对某一具体服务化模式的案例进行研究，关注于制造企业的"整体解决方案模式"，这是因为在这种服务化模式中产品和服务的融合度最高，而顾客获得的价值也最大，但更多的学者则从服务嵌入程度的演变角度来对服务化的模式进行总结。Wise 和 Baumgartner（1999）提出了三种制造企业提供服务以增加价值的方式，即嵌入式服务、覆盖范围服务和集成解决方案，其中嵌入式服务是制造企业有机会增加供应价值，在传统产品上增加服务以及削减原先由客户执行的活动；覆盖范围服务是指服务不能集成到产品中，但是由于提供商的优势地位，他们借助这种渠道提供客户活动相关的服务；集成解决方案则是指企业提供与产品相关的一系列服务。Davis 指出在制造企业向服务转变的过程中可能存在系统整合、系统运行、业务咨询和财务咨询这四种战略模式。周艳春（2010）基于服务为客户带来的潜在价值以及在企业业务中所占的比例，提出了制造企业服务化战略的四种模式，即产品+附加服务模式、增值服务模式、整体解决方案和去制造化模式，这四种模式的服务化程度依次增加。

张雅琪（2014）将制造企业的服务化战略划分为以产品为中心的服务化战略（service supported for product，SSP）和以客户运营为中心的服务化战略（service supported for customer，SSC）。结合相关理论，本书分析 SSP 战略是在有形产品的基础上添加一定内容的服务，服务内容与产品具有较高的相关性，此类服务包括产品安装、维修、监督、检验、代理以及回收等。SSP 战略被制造企业所采用的最主要原因是产品市场竞争的激烈程度迫使制造企业不断寻求新的利润源泉，而通过"产品–服务包"可以使其价值链贯穿于产品销售和后期服务的全过程，以此丰富产品内容，提高产品竞争力，同时也提升了制造企业的整体绩效。服务是作为产品的附加物，以"产品–服务包"的形式获取品牌优势、差异化优势和利润。由此可见，SSP 战略的出发点是基于具体产品的功能提升、研发设计以及产品交易，这是处于制造企业服务化转型的初级阶段所采用的战略模式。

SSC 战略是企业发展战略由基于产品的服务转变至基于客户需求的服务。其服务模式是制造企业的服务向供应链、市场研发、销售等企业运营能力延伸，不再与自身产品相绑定，而是将挖掘顾客的潜在需求作为目标，利用企业自身的运营优势和强大的服务体系，发展成为"一揽子"或"一站式"解决方案提供商，最终实现企业与客户之间的双赢。企业成为典型的哑铃型企业，即一方面关注服务的设计和研发，另一方面积极开拓市场，塑造服务品牌，而在中间的制造环节则"轻型化"，甚至将制造进行外包。因此产业分工的细化催生出了"代工"、"OEM"等无工厂化生产新服务模式的形成，以设计、品牌、渠道为核心竞争力，围绕客户需求提供全方位的产品和服务。这是制造企业服务化转型的高级阶段。制造企业基于有形产品，将原来集成于产品中的技能、知识等要素分解出来，并外化为各种服务要素（如信息咨询、研发、物流、市场调研、技术支持等），通过销售"服务解决方案"或"组合服务"以实现价值获取和发展模式的转变。因此，SSC 战略下企业提供给客户的是一种独立于有形产品的服务，顾客不用购买有形产品就能够体验服务，此类服务主要是代管企业的各项运营职能，帮助客户提高其竞争力、运转效率或降低成本，从而创造更多客户价值，此类服务的典型是进行企业融资、管理咨询、业务流程培训、管理服务等。

在现实制造企业中，不可能完全摒弃服务，因此 SSP 战略涉及安装调试服务、维修和诊断服务、产品升级改造服务、二手设备回收和再制造服务，是围绕产品而进行的服务拓展，而 SSC 战略则涉及提供整体解决方案、备品备件服务、运作流程建议、培训和咨询服务、租赁服务设计与开发以及金融服务，这些服务是以客户需求为中心而进行的服务拓展。

3.4　组 织 学 习

3.4.1　组织学习的概念和学习过程

组织学习的概念最早由 Argyris 和 Schon（1978）在《组织学习：行动透视理论》一书中提出，标志着国外学者对组织学习系统化研究的开始。学者们从多种角度对组织学习进行了研究，Huber（1991）把组织学习看做是通过信息处理而改变潜在行为的过程。组织学习是组织围绕内部的日常运营以及企业文化，构建相关的知识体系，对企业的知识技能不断补充以及组织企业内的例行公事，并通过广泛地运用企业员工的技能从而发展组织效能的一种方式（Dodgson，1993）。Garvin（1993）认为组织学习是指企业中那些系统性地解决问题并进行试验的活动，对企业员工个人而言，是从以前的自己和他人身上进行学习，从而促进组织内部的知识扩散。组织学习是多个个人的有意识协调的活动，是经济组织面对快速变化的外部环境，协调使用多种由特定行为主体所拥有的相关环境知识的能力。由此可见，组织学习既是组织改进的过程也是结果，这主要有两方面原因：一是为了获取新的知识和洞察力，二是组织学习是一个获取信息并进行信息处理的过程（巴纳德，1997；Kapasuwan and Mccullough，2008）。

组织学习是借助信息共享和知识交流以扩充组织的知识基础，由此为后继的创新逐步积累经验，这样可以保证后继创新的顺利实施（Blazevic and Lievens，2004），而作为促进组织学习过程的那些有形和无形的要素则构成了组织学习能力，并且已经成为企业创新成功的关键（Lievens and Moenaert，2000；Alegrea and Chiva，2008）。对组织成员而言，必须经过组织学习这一过程来对海量知识进行吸收和消化，产生创新的意识，对其进行思考、整理和实现，进而形成创新行为（Cohen and Levinthal，1990）。组织学习能够强化企业改善旧有规范的能力，因而企业需要不断从组织学习中汲取能量，从而提升组织完成新的想法、产品和程序的能力（Calentone et al.，2002）。当前，企业的价值体现在对知识的动态及时地掌握能力以及进行组织学习的速度，组织由个体组成，因此组织学习的过程应该是努力将组织内个人所拥有的知识转化为组织知识，并通过持续学习和分享以及对知识的再利用，进而再发展成为组织适应外界环境的能力。组织学习是企业根据外部环境的变化以及企业内部的需要，动态吸收、内化、共享和创造知识的过程，这一过程是通过知识萃取，借助社会化而将企业中经验和价值这些内隐知识，并进行内隐学习和同化以获得知识，接着通过外部化的方式将知识在组织成员中进行共享，再通过组合化的方式进行创造和重组以形成新的组织知识，最后再经由内部化的方式把新知识内化储存在成员或组织中（Nonaka and Takeuchi，1995）。因此，组织学习是组织维持创新的主要因素。

在组织学习中，组织成员之间进行知识共享，进而增加知识库的知识积累以提升组织的学习能力，并实现组织整体行为或绩效的改善与提高（孙卫忠和刘丽梅，2005）。朱廷柏（2006）认为组织学习是一种不断改进的过程，是围绕信息和知识不断改变和重新进行自身设计的一个不断创新的过程。组织学习是组织和个体对周边环境的适应，学习的过程就是环境刺激与反应之间不断组合积累的过程，组织学习的最终目的也就是在变化的环境中求得生存（Gnyawali and Stewart，2003）。王伟（2005）认为组织学习是组织为了形成核心竞争力，围绕信息和知识的获取而开展的包括个人、团队和全组织的持续创新并用以指导未来行动的过程。March（1991）认为组织学习具有利用性学习和探索性学习两个维度，而利用性学习是指那些能够用提炼、效率、选择和执行等词汇来描述的学习行为；Levinthal 和 March（1993）曾指出：如果只有利用性学习而没有探索性学习，那么组织会跟不上行业发展的步伐，当经验被过分利用而导致企业的绩效水平不能满足于实际需求时，对利用性学习的不满则会引导企业进行探索性学习。如果能够用"搜索、冒险、实验、尝试、创新"等词语来描述企业的学习行为，那这种学习就是探索性学习。窦红宾和王正斌（2011）认为利用性学习是现有的知识、技巧、能力以及技术进行提炼和逐步完善的过程，与此相反，探索性学习是指组织对新的技术、知识和技巧进行搜寻和发现的过程。

由于组织学习具有群体性和个体性相结合的特点，企业内部的每个员工都能够对学习过程和结果产生重大影响，但是组织学习并非个体学习的简单加和，而可以被看做是一个带有控制反馈机制的不断改正组织错误的过程，是一个社会过程，组织学习的目的在于提高企业员工的整体素质。

3.4.2　组织学习的内涵及特征

组织学习是企业组织应对外界环境变化的能力，这种能力能够促进知识创新或知识获取并使知识扩散到整个组织之中，最终体现在组织的产品、服务和体系中。组织学习的目的在于使组织借助学习的方式，吸收并发展组织内部和外部的知识，在适应环境变迁的同时凝聚知识的力量，从而协助组织成员创造新知识、分享经验并持续改善工作绩效。

制造企业与顾客之间的交互反映了顾客与服务生产环节接触的纵深程度，为了面对服务创新中时常出现的由于顾客需求波动而导致的不确定性，制造企业内部的各个职能部门及员工需要更深切地理解学习的价值并产生学习的意愿，对服务过程中隐含的知识进行搜索、获取以及应用。服务创新的产出包括服务概念、顾客交互、服务传递系统以及技术选择等方面的综合（Johne and Storey，1998）。在服务创新和实现过程中，顾客通常会依据实际感知的服务质量而对整个服务生产加以评价。顾客与制造企业之间的交互会扩展企业获取知识的渠道，获取更多有价值的知识和信息，包括顾客在"用中学"现场形成的知识、顾客抱怨服务技术的缺陷、服务管理的低效等，这些会增加学习知识的途径与机会，从而越显著地影响整个服务生产和传递系统，使得服务创新获得更高的绩效。组织学习可导致服务创新，个人与组织的学习会引导服务创新，进而成为组织中唯一可持久竞争优势的来源（Statar，1989）。知识是制造企业中最具战略价值的资源，服务创新过程中唯一重要的资源就是知识，而组织学习有助于增强制造企业的知识基础，进而从以下三个方面促进服务创新（Johne and Storey，1998）。

首先，通过从顾客那里及时获得关于服务缺陷以及商务模式等知识，有利于提高服务生产和传递的效率，从而降低成本，提高制造企业的财务绩效。

其次，组织学习能够增强制造企业开发新服务的意愿以及实现新的创新组合的能力，缩短新服务的开发周期，比竞争对手更快速地开发出新服务，从而有助于保持和提升在市场竞争中的地位，并开拓新的市场机会（Helena et al.，2001）。

最后，通过获取有关顾客当前和潜在需求的知识，制造企业能够准确地改进或开发出"适销对路"的服务，留住顾客并提高顾客感知到的服务质量，有助于制造企业吸引新的客户。同时，顾客接触和服务定制会增加服务生产过程的不确定性，来自顾客的压力会成为组织学习的动力。

本书中，组织学习这一概念是围绕制造企业的服务创新过程而展开，强调服务创新的导向性，结合相关理论，本书界定组织学习是制造企业为了应对客户的服务需求和竞争者的服务挑战，以及企业内部服务创新的需要，动态地吸收、内化、共享和创造知识的过程。

组织学习可以划分为应用性学习和探索性学习两个方面。

应用性学习是指面对客户的服务需求，制造企业对现有知识、技能以及开发流程进行提炼、完善以及产业化应用，使其贴合产品服务系统或基于产品的服务的设计和实现过程，从而促进服务创新绩效提升的一种学习方式。

探索性学习指针对产品服务系统或基于产品的服务的设计和实现过程，制造企业不断对服务创新的新技术、新方法和新技巧进行探索和采纳，从而有助于制造企业获得更高创新效率的一种学习方式。

制造企业中组织学习过程的目的性更强，即为了能够更有效地促进服务创新绩效，这对于制造企业开展服务创新有较好的启示作用。一是要在制造企业中树立"向顾客学习"的观念，通过服务流程设计和再造，能够让顾客更多地参与到服务过程中，并通过充分的交流以主动创造向顾客学习的机会；二是要塑造良好的组织创新氛围，鼓励员工结合客户需求进行创新，将员工的学习行为纳入考评体系中，督促企业所有成员都要意识到学习的价值，以开放的心智，积极把握向顾客学习的机会。

3.5　本书相关概念关系梳理

3.5.1　IT 能力与组织学习

IT 作为一种技术，是企业生存和发展的基础，也是区分企业是否成功的关键因素之一（Bharadwaj，2000），IT 能够从多个层面影响企业，包括企业的产品质量、产品种类以及客户服务等多个方面。Mukhopadhyay 和 Kekre（2002）的研究结论表明 IT 应用对企业的影响主要体现在运作影响和战略影响两个方面，其中运作影响表现为企业的运营绩效，而战略影响则主要涵盖销售额增加等企业的成长性绩效指标。但是，IT 的使用本身并不能为企业带来竞争优势，但企业从 IT 中获取的优势可以通过多种资源间的互补之后，再嵌入组织，最终形成企业的 IT 能力（Powell and Dent-Micallef，1997），在相关资源中，知识是与 IT 互补的关键性资源，知识被企业界和学术界认为是能够给企业带来持续竞争优势的几种核心资源之一（Nonaka and Takeuchi，1995），企业对知识的管理正是企业形成 IT 能力并提高企业绩效的关键，企业创造并整合知识的机制构成了竞争优势的最终源泉。Muhanna 和 Barney（2005）在实证研究中发现只有对 IT 知识进行共享才能提高企业绩效。

在 Bharadwaj（2000）的研究基础上，相继有很多学者对 IT 能力影响企业绩效的机理进行了研究，近些年来，围绕 IT 能力对企业绩效的影响，众多学者开展了研究。Santhanam 和 Hartono（2003）的研究证明 IT 能力和企业绩效之间存在正相关关系，并且有必要开发多维度的 IT 能力测量。Wade 和 Hulland（2004）的研究结论表明 IT 能力对企业绩效的影响方式是通过影响企业的竞争性活动进而形成一条复杂的资产及能力链条，并使企业获得持续的竞争优势，而将可评价性、竞争性和长期性作为 IT 影响企业绩效的评价指标。Barua 和 Kriebel（1995）建立的两阶段模型揭示出 IT 只有在提高运营绩效后才能影响到企业的市场份额，并提高企业的竞争性绩效。Melville 等（2004）的研究表明 IT 能够通过提升企业的运营效率进而对企业整体绩效产生积极作用，IT 能力影响企业绩效的结果受到行业特征和企业规模等权变因素的制约，而由于财务绩效具有结果导向性，因而 IT 不能直接导致企业在效益上的提升（Sabyasachi，2005）。

资源基础理论的研究表明竞争对手很难去模仿企业的能力，所谓能力是指企业拥有的关键技能及相关隐性知识，作为企业的一种智力资本，能力是企业进行决策及创新的源泉，企业的核心能力源自组织内的集体学习、经验规范和价值观的传递以及组织成员之间的交流和共同参与。因此企业的 IT 能力能够为企业带来竞争优势，并使企业产生更高的利润。国内学者杜维等（2010）通过实证研究也表明 IT 通过与企业内部其他资源，如信息资源和人力资源进行互补和嵌入后会形成 IT 能力，而 IT 能力会推动企业的知识管理战略进而提高企业绩效。较强的 IT 能力可以促使企业业务部门之间进行高度协同，获取准确而及时的信息，减小信息不对称现象的出现，缩减企业在业务流程上的时间，进而提升企业的运营绩效。有学者通过实证研究后发现 IT 能力、资产优势以及演化路径会通过管理过程的实施而影响到企业组织的竞争优势（郑大庆等，2006）。任迎伟等（2007）以国内企业作为研究对象开展抽样调查，其研究发现 IT 能力能够通过灵活而有机式的结构而对企业绩效形成正向的影响，组织结构在这一影响过程充当中介变量，而组织结构可分为机械式组织结构和有机式组织结构。

迟嘉昱等（2012）将 IT 能力分为内部 IT 能力和外部 IT 能力，前者是指企业通过其 IT 业务实践以及学习而获取的 IT 能力，后者则是指企业通过 IT 业务外包等方式从外部环境中获得的 IT 能力，并分析了企业内外部 IT 能力对绩效的影响机理，实证研究结果揭示了外部 IT 能力对内部 IT 能力具有正向的影响，企业的 IT 能力对企业绩效会产生显著的正向影响，组织学习在内外部 IT 能力对企业绩效作用的过程中发挥着完全中介作用。Nevo 等（2007）以 IT 咨询服务作为切入点分析了企业内部 IT 能力和企业外部可用的 IT 能力之间的交互作用，并针对两者对绩效的影响开展了研究，实证结果揭示了当企业的内部 IT 能力比较弱时，外部 IT 能力会对企业绩效产生正向的影响，而当企业的内部 IT 能力较强时，外部 IT 能力则会对企业绩效产生负面影响。IT 能力对企业内部的一些能力，诸如组织能力、外部关系能力和跨边界的组织能力都会产生显著的正向影响（谢卫红等，2012）。孙晓琳和王刊良（2009）构建了 IT 能力与绩效间关系的理论模型，并且把 IT 能力划分为 IT 人力资源和 IT 关系资源，研究结论表明 IT 关系资源能够正向影响企业绩效。Tippins 和 Sohi（2003）对 271 家制造企业进行调查分析，实证研究表明 IT 能力能够提升企业绩效，组织学习在这一过程中发挥着显著的中介作用。李海涛等（2013）通过实证研究发现在网络技术应用水平高的企业中，制造企业的服务增强更容易对投资回报率产生正向影响，而网络技术应用是 IT 应用的重要组成部分，因此制造企业的顾客服务导向可以提升企业绩效，对于现代制造企业而言，在服务转变的过程中，一定要重视 IT 应用。Ravichandran 和 Lertwongsatien（2005）把 IT 资产划分成 IT 资源和 IT 能力，并从资源观的理论视角出发，研究 IT 资源和能力对企业绩效的影响机理问题，通过假设验证了 IT 资产对企业绩效的影响源自 IT 对企业核心能力的支持作用。

关于 IT 能力与组织学习两者之间的关系，迟嘉昱和孙翎（2012）研究认为 IT 能力能够促进组织记忆，使得组织能够对信息很方便地进行编译、交流、吸收、存储和检索，从而极大地增强企业获取和集成显性知识的能力，大大提高了组织将过去和现在的知识应用于解决组织目前面临问题的能力。企业能够利用 IT 来促进知识共享，一方面是由于 IT 能够实现对信息的标准编码，并以一定的形式存储在允许所有组织成员访问的集成系统中，即实现了信息共享的基础；另一方面，IT 促进了信息共享，IT 可以提供多种信息传递方式，如电子邮件、电子公告牌、电子会议系统、电子化客户关系管理、文档传输系统和工作流管理系统等，利用这些技术手段可以非常便利地获取、提供、交流、存储和检索信息，有利于组织学习（魏明等，2005）。IT 的应用提高了组织获取和分发信息的能力，从而保证组织学习过程中对具体信息的共享解释，避免由于组织目标的改变而引起的知识结构上的变化（诸雪峰等，2011），IT 应用提供了存储和调用企业内部信息的手段，改善组织记忆，因而有助于提高企业的组织学习能力（蔡雨阳和黄丽华，2000）。

从以上整理的 IT 能力相关理论来看，目前学术界对 IT 能力的研究范围从 IT 能力的内涵和组成构面，扩展到 IT 能力在企业组织中所发挥的作用上，相关研究正在不断深入。

3.5.2　IT 能力与服务创新

IT 的应用能够支持组织改变创新理念并完成对创新的实施，因而 IT 具有非常重要的作用。在 IT 能力的战略定位上，需要考虑到商业和服务创新战略之间有效链接的潜在含义，从而形成连贯而整合的企业战略，在服务创新过程中，IT 能力是一种为开发更好的服务，并获取更高利润而创造有利条件的手段。那么，IT 能力是如何帮助服务创新战略与企业战略进行匹配的？IT 管理者需要依据对这一问题的解答来确定战略层次上的问题，因而 IT 能力能够为服务创新管理者提供有价值的信息。例如，IT 能力使得商业管理者和服务创新管理者通过有效的战略系统而结成一种更密切的工作关系，从而引导企业在创新上取得成功。战略改革能力是 IT 能力的最高等级，而运用战略改革能力的目的是为了建立与合作伙伴或客户之间的连接，从而为新的或现有的市场提供新产品/服务，并决定新的商业战略，企业需要综合利用其内、外部资源才能发展这种战略改革能力（Chen and Tsou，2012）。企业管理者和服务创新管理者能够通过 IT 能力而更加融洽地工作从而提高他们在战略上的行动。组织能够利用 IT 能力对知识资源进行分配从而优化员工的整体价值，为了开发新服务而优化知识以适应市场变化，与此相对应，IT 能力使企业更有效地满足客户需要，并通过对系统和人力资源中隐形技能的整合来开发新服务过程中的那些显性知识。

如果我们将重点放在通过创新分化和关注服务创造战略上而引入新服务的不同定位上，那么 IT 能力能够迅速处理客户需求，促进新服务的发展并带来更高的企业绩效。IT 能力提高了企业对客户需求在更短时间内进行响应的速度，增加了客户便利性。IT 能力越强则意味着企业能够更好地促进服务传递在新渠道或新方法上的创造，IT 能力在成本领导和关注服务传递的战略上更为关键，这是因为企业结合自身能力努力实现这些战略以增加组织的效率，那些对服务创新战略和经营策略进行均衡的企业需要提升组织的 IT 能力以确保企业绩效的实现（Ryu and Lee，2013）。制造企业的服务创新是在一个服务系统中完成的，而这个服务系统是一个合作产生价值的由人、技术、组织、共享信息及价值主张的体系。

当前，对技术创新的强调已经被 IT 的重要性以及企业对服务创新的应用而缓和（Yao et al.，2011）。关于 IT 能力和服务创新绩效之间的关系，学者们也开展了相关研究，以国外学者的研究居多。Swanson 和 Ramiller（2004）认为 IT 能力是企业的一种重要能力，它对新产品、服务和相关的商业流程产生积极的正向影响。Rajeev（2011）在研究中发现 IT 能力在企业，尤其是公司制企业的服务创新实践中发挥着决定性的作用，IT 能力是促进服务创新绩效的关键因素，IT 能力越高，那么服务过程创新的效果愈好，Tsou 和 Chen（2012）认为对 IT 的不断关注使得企业改变了与客户之间进行互动和协调实践的方式，因而能够创造更具竞争力的服务，而且将服务作为一种促进竞争行为、营销和客户服务的战略资源，与客户之间的互动对企业分享资源和能力，并开发新产品/服务非常关键。IT 能力对客户服务和服务过程创新具有显著的正向影响。由于 IT 能力能够支持在变革服务传递流程中的价值创造，因而成为促使服务传递创新取得成功的关键驱动力（Chen et al.，2009）。2012 年，Huang（2013）对中国台湾地区的 150 家企业集团进行了调查，实证研究结果表明 IT 能力对服务创新绩效有显著的正向影响。具有高 IT 能力的企业能够创造性地运用知识，而这一点是开发新服务并创造竞争优势的关键，交互式的 IT 能力能够提供一种新渠道使得顾客在协同生产中能够直接使用新服务。例如，企业能够通过建立在线社区和顾客进行协作，使两者能够对服务进行充分协调（Chadee and Mattsson，1998；Jammes and Smit，2005），因而，IT 能力能够有效促进服务提供者和客户之间的协作，这对促进客户交互创新提供了不同的资源。

通过对现有 IT 能力相关理论的梳理，可以发现当前研究中存在以下两方面的问题。

一是学者们对 IT 能力的研究从多个视角展开，对 IT 能力会促进企业绩效和竞争优势这一点基本达成一致，但涉及具体的研究背景，即服务型制造模式下 IT 能力所具有的特征和构面，以及对服务创新绩效的影响，还需要深入进行研究。

二是针对 IT 能力对服务创新绩效的影响，有学者在中国台湾开展了研究，证明 IT 能力对服务创新绩效产生正向的影响，但研究中面对的企业对象类型比较宽泛，针对性不强，因而在中国内地独特背景和文化特征下，在具有服务导向的制造企业或者是制造企业中开展调研，研究 IT 能力对服务创新绩效的影响机理是需要学术界进一步深入研究的方向。

3.5.3　组织学习与服务创新绩效

在创新文化的作用下，组织能够构建一个支持知识获取和理解的学习文化氛围，并同创新文化共同促进企业内部对话和外部交流等学习行为。以创新为导向的组织学习能够增强组织知识基础，从而提高新服务开发绩效。知识是组织创新的基础，组织创新与知识及信息的支持难以分开，组织中的学习倾向会有利于帮助组织成员解释和使用内外部的信息，充分挖掘信息的作用，并提升组织成员的创造性，进而促进组织整体创新能力的提升（周晓和何明升，2007；刘顺忠，2009）。企业能够借助组织学习来对知识进行分享和创造，并通过对新知识的学习以改变组织原来的行为方式，并以此来促进组织在创新绩效上的提升，也能够通过组织学习而将企业的外部知识与内部已有的知识进行有效的整合从而提高技术创新的绩效。由此可见，组织学习是一种持续性的过程而不是仅指结果，组织学习的目的在于组织借助学习这一方式去吸收并发展组织内、外部的相关知识，在适应环境的同时凝聚知识的力量，进而协助组织内的成员去创造新知识、分享经验以及持续改善其工作绩效。

Dai 和 Duserick（2008）指出，组织学习及其与创新的关系对于企业竞争优势的保持具有基础性的影响。善于学习的企业通常可以更好地激发出集体智慧来，因而可以更快地开发出新的产品和服务，从而获取更高的创新绩效。因此，企业需要不断地组织学习以提高企业内部的研发、生产、销售、运营等能力以保证创新商业化的成功，进而获取创新收益。

Senge（2004）认为组织成员的学习是凝聚知识的有效方法，在内部进行组织学习的企业通常能够做到凝聚和创造知识，而当企业处于动荡环境之时，那些能通过有效学习途径来凝聚知识能量的企业往往能形成更好的创新绩效。创新来自于组织内部的所有成员，而不仅仅是少数的研发人员，组织学习的重点在于能够使所有的成员都形成更宽泛的共同知识，从而使创新或者新知识在此基础上快速地散播，使分散化的知识更易进行整合，而学习则是有效率地去吸收以及同化知识，并模仿其他人的技术和常规，对该技术进行复制的过程（Brown and Eisenhardt，1998）。通过组织的知识吸收和应用能力能够强化组织内部的创新并改善绩效，进而明显地提高组织创新的成功率和收益率，并提高产品创新以及服务创新。

通过对组织学习的概念和学习过程、组织学习与服务创新的关系相关研究进行梳理，发现当前的组织学习相关研究比较成熟，学者们重点围绕组织学习的内部过程分解及其产生的影响开展研究，组织学习的目的是使组织借助学习这一方式，吸收和发展组织内部和外部的相关知识，在适应环境变化的同时去凝聚知识的力量，从而协助组织成员创造新知识、分享工作经验并持续地改善工作的绩效。

3.6　本章小结

本章首先对 IT 能力的概念和构成、IT 能力与组织学习之间的关系进行分析，重点研究了 IT 能力，在概念上界定 IT 能力是制造企业借助先进的理念与方法，为了完成企业在服务概念、服务提交系统、服务提交界面和服务支撑技术等方面的创新而综合运用 IT 基础设施、IT 人力资源和 IT 协同资源的企业能力。在具体的构面上，IT 能力涵盖 IT 基础设施、IT 人力资源和 IT 协同资源三个构面，其中，IT 基础设施是制造企业为了设计和实现在服务概念、服务提交系统、服务提交界面和服务支撑技术等方面的创新而构建的计算机、通信技术、数据库、分享式技术平台等技术基础支撑；IT 人力资源不仅包括在服务创新过程中掌握信息技术的人员，还包括制造企业的员工围绕服务概念、服务提交系统、服务提交界面和服务支撑技术等方面的创新而掌握的 IT 知识和管理 IT 的相关技能；IT 协同资源是指制造企业通过调用以及部署 IT 资源而带来的无形能力，这其中涵盖了知识管理、客户导向以及协同效应等，强调客户的服务需求、信息技术、企业内部信息和其他资源的交互，以使得企业的信息技术能发挥最大的功效，更好地判断市场、围绕客户需求进行服务创新。

其次，对服务型制造与制造企业服务创新相关研究进行梳理，包括对服务型制造、创新与服务创新的关系、制造企业的服务创新相关理论进行梳理。其中，服务型制造是面向服务的制造以及基于制造的服务，以实现制造价值链中各利益相关者的价值增值为目标，通过融合产品与服务、客户的全程参与、企业相互之间提供生产性服务以及服务性生产，实现分散化制造资源的整合以及各自核心竞争力的高度协同，达到高效创新的一种制造模式（何哲等，2008）。目前，学术界对服务型制造的研究主要围绕着服务型制造模式的概念、特征、体系结构、价值创造机理以及在具体企业中的实践而展开，以定性研究为主，本书的研究是以制造企业实施服务型制造模式作为研究的基础条件，因而能够拓展服务型制造的相关研究领域。

本书界定制造企业的服务创新是企业根据整体战略和创新战略，在企业内部要素和外部环境的推动下，向客户提供全新的或持续改进服务而实现企业价值创造的正式的或非正式的开发活动。制造企业的服务创新是通过在服务概念、服务提交系统、服务提交界面和服务支撑技术上的创新而实现的。制造企业的服务创新绩效是结合客户需求进行服务创新后而对企业发展形成的促进结果，表现在企业的市场绩效、服务研发效率和顾客吸引效果上，制造企业的服务创新绩效可以用市场绩效、服务研发绩效和顾客吸引绩效来进行衡量，制造企业的市场绩效指在特定的市场结构下，制造企业的产品和服务提供行为使其自身在产量、成本、利润、产品质量、品种以及技术进步等方面所达到的潜力和状态；服务研发绩效是指制造企业基于产品、面向客户而进行的新服务开发的效率和效果；顾客吸引绩效则是指经过其自身对服务的关注、创新和实现过程而对客户形成的持续吸引力。

再次，对制造企业的服务化战略作以回顾，重点分析了两种服务化战略，即以产品为中心的服务化战略（SSP战略）和以客户为中心的服务化战略（SSC战略），SSP战略是在有形产品的基础上添加一定内容的服务，服务内容与产品具有较高的相关性，其服务是围绕产品而进行的服务拓展；而SSC战略是企业发展战略由基于产品的服务转变至基于客户需求的服务，其服务的范围在某个程度上已经超出了与产品的直接关联，是面向客户的整体运作而提供的服务。

最后，对组织学习以及组织学习与服务创新绩效的关系理论进行梳理，定义组织学习是制造企业为了应对客户的服务需求和竞争者的服务挑战，以及企业内部服务创新的需要，动态地吸收、内化、共享和创造知识的过程。组织学习可以划分为应用性学习和探索性学习两个构面。应用性学习是指面对客户的服务需求,制造企业对现有知识、技能以及开发流程进行提炼、完善以及产业化应用,使其贴合于产品服务系统或基于产品的服务的设计和实现过程,从而促进服务创新绩效提升的一种学习方式;探索性学习指针对产品服务系统或基于产品的服务的设计和实现过程,制造企业不断对服务创新的新技术、新方法和新技巧进行探索和采纳,从而有助于制造企业获得更高创新效率的一种学习方式。

第 4 章　IT能力影响制造企业服务创新绩效的案例

本书的内核是IT能力与制造企业服务创新绩效之间的关系，以及组织学习和服务化战略在其中所发挥的作用，考虑到理论研究来源于实践，因而需要从具体的企业实践中启迪思路。本章在第3章相关理论的基础上，选择五个来自于不同细分领域的制造企业作为典型案例，借助多案例研究方法，从案例中抽取数据信息进行分析和信息编码，结合相关的理论研究提出初步的研究假设，从而构造IT能力影响制造企业服务创新绩效的概念模型。

4.1　案例研究方法论

案例研究法是采用历史数据、档案材料、访谈以及观察等多种方法来收集数据，并且运用可靠的技术对一个事件进行分析进而得出具有普遍性意义结论的一种研究方法，而当研究对象很难从背景进行抽象和分离时，案例研究就成为很有效的方法，它的价值在于回答了"是什么"以及"怎么样"的问题，而并非回答"应该是什么"之类的问题。

4.1.1　案例研究方法概述

案例研究是一种解释社会现象的研究方法。但不同学者对案例研究的定义则不尽相同。例如，Wilson（1950）认为案例研究首先用于当前资料或数据，并得出归纳性的普遍结论；Nisbet认为案例研究是一种对特殊事件进行系统研究的方法；而阿德尔曼将案例研究看做是一组研究方法的笼统术语，这些方法着眼于一个事件的研究。案例研究方法专家Yin（2004）认为案例研究是经验式的探究，其研究对象是现实生活背景中的暂时现象，在此研究情境中，现象与背景之间的界限不甚明显，只能借助大量的事例证据以进行研究。Syson和Perks（2004）将案例研究定义为一种归纳方法，它能够让研究者从实证数据中推断顺序或结构。考虑到制造企业的服务创新相关理论还比较零散，还没有形成主流的理论与范式，因此，案例研究方法就成为研究制造企业服务创新的学者们收集第一手资料的重要方法。

在案例研究中，经常是选择一个或多个案例对问题进行分析。单一案例研究通常用于证实或证伪已有理论假设的某一个方面的问题，它也可以用作分析一个极端的、独特的和罕见的管理情境。但单一案例研究不适合用来系统性地构建新的理论框架，而在多案例研究中，首先要将每个案例和主题作为一个独立的整体进行深入分析，即案例内分析；而依托于相同研究主题，在彼此相互独立的案例内分析的基础上，研究人员对所收集的多个案例进行归纳和总结后形成一些抽象而精辟的研究结论，或依据案例提出假设，这被称为跨案例分析（cross- case analysis），可见多案例研究能够更为全面地反映案例背景的不同构面，特别是当多个案例同时指向同一结论或假设时，案例研究的有效性将极大提升。

本章的研究资料来源主要分为两大类：一是二手资料收集，来自个案公司的年报、网站和相关新闻报道，以及研究者个人的直接观察等；二是对个案企业的访谈资料，主要是受访者的口述内容，通过借助各种不同的资料来源，对个案企业形成更加准确和完整的探明。

4.1.2 探索性案例研究的数据收集

抽样研究的方法可分为概率抽样与非概率抽样两种。其中，概率抽样则保证总体中每一个个体都有相等的机会入选样本。概率抽样的方法包括简单随机抽样、系统抽样/等距抽样、分层抽样、整群抽样、多级抽样和 PPS 抽样[1]；而非概率抽样是依据研究者的主观意愿、判断或是否方便等因素来抽取对象的方法。其中包括偶遇/方便抽样、判断/立意抽样、定额/配额抽样和雪球抽样。Maykut 和 Morehouse（1994）的研究认为，定性研究中的样本可以根据研究者的需要来选择，因而不是概率抽样，定性研究的样本应侧重于收集能够提供丰富信息内涵的个案，其中通常会包含与研究目标密切关联的信息。

针对个案的选择，Markus 和 Morehouse（1994）提出应至少符合下面的两个原则。

首先，为了使理论验证或推翻的机会最大，应该选择那些关键的并起决定性作用的个案。

其次，为使分析的结果能够推广到其他的个案情境中，应当选择那些典型的并具有代表性的个案。

本书采用 Yin（2004）所提出的多重个案研究，用多重个案的研究通常被认为是较为稳健的研究。多重个案研究方法在设计上能对相同的逻辑过程进行重复，每一个案例都可以验证其他案例得出的结论。由于本书并非探讨那些较为罕见的个案，此外，单一个案更适合于对复杂现象的深入分析，考虑到例规具有内

---

① PPS（probability proportionate to size sampling）抽样法，即按规模大小成比例的概率抽样。

隐性的特点，即需要深入挖掘其中的隐含信息，而且难以从个案访谈和次级资料中搜集得到，不能了解调查对象的全貌，故此，本书将采用多重个案的研究方法，选取五个典型的制造企业，分析其 IT 能力以及对服务创新绩效的影响，从而试图增加个案实证的解释力。由于从理论上而言，具有相似轨迹的三个案例就能够降低独特性，并有助于进行推广。依照 Eisenhardt（1998）和 Yan（2005）的建议，本书最终选择了制造业中分属不同产品类别的五家制造企业作为多重案例研究的对象，从而在一定程度上降低外部变异性，被选企业的主要产品分属计算机、电信设备、鼓风机等动力设备、家用电器和汽车，是制造业中的不同细分行业，而且案例企业的选择并非随机进行，而是同时兼顾信息的可获得性以及企业的代表性，更为重要的是这些制造企业都积极开展服务创新，并且这些服务创新活动得到了顾客的认可，可以认为是取得了良好的服务创新绩效。

为了保密，同时遵循案例研究的一般惯例。本书隐去了这些制造企业的具体名称，而且考虑到 IT 能力从表征上来看以信息化建设为重点，也方便搜集相关资料，因此在表中列出了案例企业的信息化建设，以侧面反映案例企业中 IT 能力，这些案例企业的背景信息见表 4-1。

表 4-1 案例企业的背景、信息化建设、服务创新情况

企业名称	成立年份	企业规模	主营产品	信息化建设	企业开展服务创新的典型事例
案例 1-计算机制造企业	1984	2011 年销售额达 296 亿美元，为全球第二大个人电脑厂商，全球员工约 27 000 人	计算机	建有企业网站，开展了财务电算化、MRP Ⅱ、ERP、CRM、SCM、PDM、e-Office（办公自动化平台）、Call-Center（呼叫中心）等信息系统	设立了贵宾级服务；基于互联网的 eCare 远程即时交互型客户服务；现场、网络、电话"三网合一"服务模式
案例 2-电信设备制造企业	1987	2012 年销售额达 350 亿美元，全球员工约 140 000 人	通信网络设备	建设了 Web 应用平台、CRM、i2 SCM 解决方案、MRP Ⅱ、ERP、PDM、Call-Center、视频通信系统等	开展了服务战略转型、售后服务实现产品化，同时集中资源和精力于网络增值服务
案例 3-鼓风机制造企业	1999	2011 年企业主营业务收入 51.5 亿元，员工 2742 人	轴流压缩机和透平机械	采用了 OA、ERP、PDM、CAD/ACAD/CAM/CAE、EDI（电子数据交换）、PLM（产品生命周期管理）、经营管理信息系统等	开展了服务转型：从卖产品到卖方案、从单一产品供应商向动力成套装备系统解决方案商和系统服务商转变，并采用"金融企业+核心企业+客户企业"的融资服务模式

企业名称	成立年份	企业规模	主营产品	信息化建设	企业开展服务创新的典型事例
案例 4-家电制造企业	1984	2011 年营业收入 1509 亿元，员工超 80 000 人	家用电器	基础网络、OA、Intranet（企业内联网）、三网合一、B2C 平台、网上支付、同步供应链管理平台、网上协同交易平台、MES（制造执行系统）、PRO/E、UGII、Cimatron、C-Mold、物联网家电、RFID（无线射频识别）电子标签	创立了"七星服务"：完善服务体系的全流程服务体验、整套解决方案送上门、互联网上定制产品的家居集成服务模式、人单合一双赢模式
案例 5-汽车制造企业	1991	2012 年生产销售汽车 130 万辆，员工 22 323 人	汽车	采用了 SAP R/3 系统、建立了呼叫中心、容灾备份系统、协同 OA 产品	建立了城市展厅、透明车间管理系统、机场 VIP 服务、替换车服务、季节性服务活动、预约服务、"心喜之旅"服务、"金融引擎"衍生服务平台、开展了供应物流的定制化运作

4.1.3　资料分析方法

定性资料的分析风格包括内容分析、样板式分析、编辑式分析以及融入/结晶化分析四类。考虑到内容分析法能够按照研究目的对沟通内容、内容符号与意义以及整个沟通过程进行客观和系统的量化或定性化的描述、分析与推论，本书采用这一内容分析法，即对资料内部的主要组成部分进行确认、编号以及分类，常用于针对所收集到的资料内容进行访谈和观察。在实际研究中，内容分析的类目主要来自于文献整理，即类目要和研究目标以及所引用的理论相一致。

本书根据事前假定的理论模型内容，首先将数据分成制造企业中 IT 能力、组织学习以及服务创新绩效三大类，然后采用分析性归纳方法对案例进行分析（Glaser and Strauss，1967）。此方法按照以下步骤依次进行。

1）界定要解释的现象。

2）提出相关问题假设。

3）分析第一个案例，探寻前期假设是否匹配于企业实际状况。

4）假如与事实不相符合则修改假设，或者返回第一步，重新定义解释现象，并删除该案例。

5）假如借助对少数几个案例的分析，发现假设逐渐趋于稳定，直至能够建立起一个普通的理论关系。

6）最后，验证新得出理论的适用性以及概念化的程度。

4.2 案例企业简介

在进行数据分析前，本书先对五个案例企业的基本背景、信息化建设、服务创新典型事例等情况作简要介绍见表4-1。

4.2.1 案例1-计算机制造企业

该计算机生产企业成立于1984年，2011年销售收入近300亿美元，客户遍布全球160多个国家，是全球第二大个人电脑厂商，自1997年起，该品牌电脑一直蝉联中国国内市场销量第一，占中国个人电脑市场超过三成份额，全球员工约27 000人，产品系列包括某品牌商用个人电脑、Idea品牌的消费个人电脑、服务器、工作站，以及包括平板电脑、智能手机和智能电视在内的移动互联网终端产品。凭借创新的产品、高效的供应链和强大的战略执行而名列《财富》世界500强，是全球前四大电脑厂商中增长最快的企业。

在信息化建设方面，该企业较早得建立了企业网站，在企业内部应用了财务电算化、MRPⅡ（物流资源计划）、ERP（企业资源计划）、CRM（客户关系管理）、SCM（供应链管理）、PDM（产品数据管理）、e-Office（办公自动化平台）、Call-Center（呼叫中心）等，集团拥有专门的IT部门，这一信息部门大概有200多人，企业的信息化资源涉及邮件、安全管理、系统管理、网站、网络安全和编码体系，整体上都由集团统一进行管理。

该企业认为信息化有利于企业加强管理和控制，同时，企业的信息化也是企业竞争力的需求，如客户满意度的提升、管理成本的降低等，对企业来说，信息化的实质是企业在管理观念、工作方式和业务流程上的变革，同时也是一个再创新的过程。企业信息化建设目标的达成是整体规划、分步实施、循序渐进的过程，当前信息化已融入企业员工工作的每一个环节。

在服务创新方面，该企业推出了贵宾级服务；基于互联网的eCare远程即时交互型客户服务；现场、网络、电话"三网合一"服务模式，以及提供其他与产品相关的服务，致力于为客户提供优质服务。

4.2.2　案例 2-电信设备制造企业

该电信设备生产企业是一家总部设在广东的高科技民营企业，主要生产和销售电信设备，目前已经成为全球最大的电信网络解决方案提供商。该企业的主要营业范围涵盖数据交换和传输、无线和数据通信类电信产品的生产和销售，为遍布全球的企业客户提供网络设备、数据服务以及解决方案。该企业是世界 500 强企业中唯一一家没有上市的公司，是全球第六大手机制造厂商。2012 年销售额达 350 亿美元，全球员工约 140 000 人。

凭借突出技术、优质服务等综合优势，该企业的全球化触角持续延伸。在激烈的市场竞争中，该企业认识到信息化建设是支撑企业发展的重要基石，随着企业规模的扩大和业务的拓展，企业建设了强大的信息化系统，包括 ERP、CRM、PDM、OA、E-Mail、Web 应用平台等，具备超过 6300 种的信息化应用项目。该企业信息化系统的建设保持与整个企业的信息化建设历程相一致，建立了覆盖全球的企业内网，也是全世界最复杂的企业内网之一，包括可访问、不可访问等绝密的区域，建设了覆盖企业内、外部的呼叫中心系统，从而形成对企业内部和外部运作的有力支撑。利用 IT 系统建立了一个全世界最复杂的 OA 系统之一，借以支撑遍布全球的业务拓展；形成了融合面对面、传统高清以及桌面的视频通信系统，实现了移动办公；为了支撑信息化应用系统落地，企业以统一通信为核心的 ICT 架构从早期的中国境内的 DDN（数字数据网）互连，全面建设完成了世界一流水平的数据中心、全球企业数据专网、客户服务呼叫中心、全球语音专网，包含从基础网络到上层应用以及终端接入层的全面升级和集成服务，从而提高了员工和企业整体的工作效率。

该企业的信息化建设历程证明了信息化的建设目标是实现企业战略、支撑核心业务能力所必须具备的信息化水平，企业的信息化体现了企业对信息化创造价值的总体期望，这种期望还应该与 IT 技术的发展趋势相适应。

在服务创新方面，该企业的高层管理人员认为没有管理，人才、技术和资金就形不成合力；而没有服务，管理就没有方向，服务创新是管理创新的重要内容。企业开展了一系列服务战略转型、将售后服务实现产品化，同时集中资源和精力于网络增值服务。通过与客户的充分交流，深入挖掘客户需求，凭借自身对现有网络的深刻理解，企业为客户提供客户化的全面解决方案。企业认为提供整体服务解决方案是网络正常运营的重要保障。这一方案被分为多个等级以满足不同客户的需求，充分体现服务的标准化、专业化和差异化。企业与客户共同致力于现有网络的业务开发及拓展，其服务涵盖管理咨询、运营支撑系统和网络演进评估等方面，而且还开发出一系列面向客户和网络的专项服务产品。

4.2.3　案例3-鼓风机制造企业

该企业为 1999 年成立的股份公司，员工达 2742 人。该企业是为冶金、石油、空分、化工、环保和国防等国民经济支柱产业提供透平机械系统问题解决方案及系统服务的制造商、集成商和服务商，是典型的以项目运作为核心的离散型大型装备制造企业。其传统产品线涵盖工业流程能力回收发电设备、离心压缩机、轴流压缩机、大型通风机、离心鼓风机以及汽轮机等。自 2001 年以来，在国民经济快速发展产生的良好市场机遇带动下，该企业紧抓机遇，创新商业运行模式，转变经济发展方式，强化内部管理，企业取得了较快的发展，2011 年该企业主营业务收入达到 51.5 亿元。

在信息化方面，该企业已经实施应用了一系列的信息化项目。这些项目从基础的计算机网络平台到支撑业务的应用软件系统（办公自动化系统、财务管理系统、合同管理系统、客户关系管理系统、车间生产管理系统、人力资源管理系统、图纸管理系统、销售信息管理系统等），从支持技术研发的 CAX［CAD、CAPP（计算机辅助工艺）、CAM、CAE］到支持售后服务的大型旋转机械远程在线监测及故障诊断系统、客户呼叫中心，以及正在实施的企业级的 CAPP 系统、PDM 系统、ERP 系统等信息化动力推动企业快速发展，而该企业也认为信息化应用可以推进业务创新，而业务创新又可以创造企业新的核心竞争能力，使企业实现更大的发展。

在服务创新方面，作为制造企业，该企业的服务模式经历了四个不同的阶段，首先是实现了基于核心技术的产品服务-开发远程故障诊断系统，对客户装置实施全过程、全方位、全天候的状态管理；其次是交钥匙工程，即以主导产品作为核心，而成套技术则形成纽带，利用现代项目管理方法，将主导产品和工程项目有机结合，发挥整体优势，向用户提供完善的工程成套项目总承包服务；然后到金融服务，即借助金融机构的资金支持以及金融运作经验的优势，对产业和金融服务进行有机结合，充分利用用户、企业和银企在项目上的合作关系，采取买方信贷等方式为资金匮乏的客户提供项目与产融的一体化服务，实现三方的共同互利发展；最后到工业气体服务，即借助企业在空分压缩机组制造方面的技术优势、凭借在空分装置项目总承包方面的经验优势以及长期以来形成的客户基础，为冶金及石化领域的客户提供工业气体（诸雪峰等，2011）。经过这四个阶段的服务创新，该企业成功实现了服务转型：从卖产品到卖方案、从单一产品供应商向动力成套装备系统解决方案商和系统服务商转变，同时，实现了"金融企业+核心企业+客户企业"的融资服务模式。

4.2.4　案例 4-家电制造企业

该企业是一家家电制造企业, 1984 年创立于青岛。创业以来, 该企业坚持以用户需求为中心的创新体系驱动企业持续健康发展, 从一家资不抵债、濒临倒闭的集体小厂发展成为中国家电行业销售额最大、产品品种和规格最多、出口量最大的企业集团。2011 年, 该企业全球营业额达到 1509 亿元, 在全球 17 个国家拥有 8 万多名员工, 企业用户遍布世界 100 多个国家和地区。

在该企业发展的过程中之所以能够一年一个新台阶, 是和该企业高度重视、运用、推广、发展信息化工作密不可分的。企业的信息化建设先后经历了基础应用、总体构架和优化调整三个发展阶段, 而每个信息化阶段的侧重点都会随着企业的实际需求而变动。

在基础应用阶段, 考虑到信息化应用的需求而搭建了企业的骨干网络, 并开展基础办公应用, 其中的典型应用是构建基础网络和 OA。当前该企业已经形成了千兆级的内部网, 覆盖遍布全国的 40 多个销售公司以及 30 个电话中心, 并实现了数据、视频和 IP 电话的三网合一。

在总体构架阶段, 考虑到企业面临着来自国外的强烈竞争和挑战。企业开始实施以市场链为纽带的 BPR (业务流程重组), 并对信息化应用系统进行了改造, 使得企业的整体管理水平不断提高。之后在企业内部开展的 40 多次结构调整都是为了不断探索 BPR 的最佳模式。为了适应企业的战略发展需求, 加快企业管理现代化进程, 该企业对信息化应用框架系统进行了系统设计和搭建, 主要实施了下述方面的应用: ①建成企业的电子商务平台, 以信息流带动物流和资金流, 使企业的供应链运行在高效网络上。2000 年, 该企业成立了国内第一家 B2C 电子商务平台, 并实现了网上支付; ②建立全球领先的网上协同交易平台; ③建立集成的同步供应链管理平台: 2000 年, 在企业集团内部全面实施销售、生产、采购、仓储、财务与成本等方面的供应链应用; ④生产的跟踪与控制: 2000 ~ 2004 年, 在企业集团的各个产品事业部中都实施了 MES 从而对生产质量能够进行全程跟踪; ⑤一站到位的顾客服务系统, 企业分四期构建了集中式的客户服务管理系统, 建立了覆盖全国的呼叫中心和上万个服务网点以及遍布全国范围内 42 个城市的备品备件管理; ⑥形成具有国际水平的产品设计与模具加工系统, 采用业界领先的技术软件, 为客户提供从最初的产品概念设计直到制造后交付的全过程服务; ⑦建立了先进的第三方物流管理系统, 为企业和其他知名品牌提供物流服务。

在优化调整阶段，定义了每个 SBU（战略业务单元）的买入、卖出、成本、费用、增值以及损失。为满足企业的流程再造、市场链和 SBU 的需求，企业应用电子商务手段以体现出 SBU 的经营效果，而在这一阶段中信息化的目标是推进 SBU 的电子损益表，实时了解企业状况，并搭建集团化的业务绩效平台。

目前，该企业实现了覆盖全球的业务流程运作，形成全球化的营销网络体系，借助计算机辅助系统在生产上实现了柔性化生产，同时建立了横向网络化和业务流程同步化，使得企业内部和外部网络能够充分连接，从而将企业由封闭的系统改造成为开放的系统。

在服务创新方面，该企业为了向消费者提供"准时上门、限时完成、一次就好"的执行目标而对服务连续进行创新和升级。为了保证能准时上门服务，企业建立了以几千辆成套服务车为载体的流动星级服务站，车上配备 GPS（全球定位系统）卫星定位系统、备件、服务人员以及用户信息传递系统，从而实现人、物、车和信息系统的四合为一、精确定位并选择最优路线，使成套服务车变成了流动服务站，从而以最快的速度抵达服务现场。在农村建立了 3000 多家星级服务联络站以快速的响应农村用户的服务需求。同时为保障服务效果而对服务内容进行了全面升级，提出"1+5 成套组合服务"的理念，并积极实施，其中"1"是指一次就好的服务；而"5"则指的是安全测电服务、讲解指导使用、产品维护保养、一站式产品通检和现场清理服务这五项差异化增值服务，企业推出的无尘安装、免费测试用电环境、上门公示等服务也体现出以消费者为中心的服务创新理念。

为了满足互联网时代多元化、个性化的消费需求，该企业积极推动包括产品之星、质量之星、设计之星、健康之星、便捷之星、速度之星、服务之星共七个方面的七星服务，通过高标准服务创新，树立了行业服务的新标杆。其中的每一颗星都站在消费者的角度，对企业组织的服务水平以高标准来严格要求，从而实现了客户对服务体系的全流程服务体验、整套解决方案送上门、互联网上定制产品的家居集成服务模式、人单合一双赢模式，这一系列的服务创新举措使得该企业在市场竞争中稳居鳌头，在消费者中形成了良好的信誉丰碑。

4.2.5　案例5-汽车制造企业

该企业是中国著名的汽车制造企业，创立于 1991 年。该企业是具有中外合资经营性质的大型乘用车生产企业，其注册资本达到 78.1 亿元，同时也是我国的第一个按照经济规模而起步建设的现代化乘用车工业基地，该企业生产的品牌轿车具有很高的市场认可度。企业生产全系列轿车产品并提供优质的售后服务。

2012 年该企业制造的汽车销售量超 130 万辆，合并上交国家各种税金 1269 亿元，目前公司拥有员工 22 323 人。目前，该企业已经形成了高达百万辆级的产能格局，并发展成为国内成熟的 A、B、C 全系列乘用车的生产和制造基地。

在信息化方面，该企业经历了以下三期工程。

一期工程包括采购和物料管理（MM）、财务管理（FI）两个模块。当时，企业只是运用了基于 Windows 平台的一些常用软件以完成日常办公数据的处理，并开发了考勤、工资、备件管理等应用系统。为企业后来其他模块的系统开发和实施打下了坚实基础。同时使得企业的采购管理、物料管理和财务管理都达到先进水平。

二期工程由于考虑到产品会有越来越多的选装销售，并且服务的重要性不断凸显，因此在二期 ERP 系统的开发实施中将 R/3 中的 SD（销售与分销）模块以及 PP（生产计划与控制）模块作为企业发展的重点。在生产管理方面，企业在 R/3 平台上使用 ABAP/4 语言开发了生产控制系统、整车档案、生产质量数据采集、技术文件管理等信息系统，采用 R/3 中的标准模块来开发整车备件的销售管理系统，主要包括销售、库存管理、备件采购以及相应的财务管理和备件中转库管理等。备件销售系统上线运行后，又用 ABAP/4 语言在 R/3 平台上开发了索赔、首保、培训、工具以及相应财务结算等售后服务系统中的管理工具，从而大大提高了索赔确认结算的速度。此外，建立了外联网以实现企业与供应商，经销商和服务商的网络联结。

三期工程旨在更好地为客户提供高质量服务，企业内部和外部进行充分协同，在市场、销售、服务等多个部门中都实施了 CRM 系统，从而提高了企业的客户忠诚度。此外，企业作为汽车行业客服中心的开拓者，建立了由 "呼入信息管理、呼出信息管理、网络信息管理、质量监控管理、员工绩效管理、专家支持" 组成的 "客户服务管理体系" 和由 "CRM 信息分析、知识信息管理、经销商 CRM、数据库营销、客户数据仓库" 组成的 "客户关系管理体系"，两者相辅相成。通过不断提高客户满意度，为客户提供及时准确的信息服务来提升公司的企业形象和产品品牌形象，将统一、规范的客户服务流程推广到整个营销体系。

此外，随着物流控制系统的逐步完善，电脑网络由控制实物流、信息流延伸到企业的决策、生产、销售、财务核算等各个领域中，使企业管理实现科学化和透明化，在企业内部 "无纸化办公"，各部门之间均通过电子邮件联系。企业还建立了由主中心和备份中心构成的容灾备份系统，使主中心存储的数据和备份中心存储的数据实时保持一致。

在服务创新方面，该汽车企业将重点放在抓接待质量、服务质量以及维修质量上，使售后服务工作朝着品牌化、专业化、便利化以及多样化的服务模式上发展。2009 年，该企业推出的"严谨关爱 365"活动升级了创新服务。此项活动旨在全年 365 天无间隙地为消费者提供"严谨就是关爱"的高质量服务。从而实现服务专属化、服务全面化、服务细致化和服务竞争化。企业的"金融引擎"衍生服务平台整合了银行、保险和租赁等多元化服务，能够向消费者提供多种金融产品解决方案。此外，对于企业的高端用户，推出了一系列人性化服务，包括替换车服务、救援服务与机场 VIP 服务、预约服务；从不同方面为客户提供及时、高效的服务保障。

4.3　案例企业的 IT 能力

针对案例中的五个制造企业的 IT 能力，本书做如下具体描述。

4.3.1　案例 1-计算机制造企业

在 IT 基础设施方面，建立了全面的 CRM、ERP、SCM 和 MRP II 等系统以充分利用企业的内外部资源全程管理企业的产品/服务运作流程和生产过程，这些管理信息系统涉及制造企业的全流程服务，实现企业内外部的信息流、物流、资金流和服务流的顺利流转，同时实现成本控制。除此之外围绕服务界面和交付上的创新而建立了网上服务家园和网络社区化的智能互动问答平台，前者既是产品交流论坛，也是企业的互联网服务平台，能够为用户提供品牌手机刷机、MIUI、root、ROM、移植固件等资源服务，而后者是对企业的 eCare 网络服务模式的扩展，这些基础设施的建立加强了顾客–企业之间的交互，为服务创新提供良好平台。

在 IT 人力资源方面，该制造企业建立了强有力的以服务为主导的信息化组织机构，形成以 CIO（首席信息官）为首的信息化推进部负责 IT 服务、手持设备等信息化业务以及增值链信息化服务的开展，并负责公司信息化规划、推进、协调、管理和知识共享，在信息化推进部之外，还设有提供客户服务的咨询公司以及 IT 平台网络服务商，并在全国建立了各级服务机构和网点，这些服务组织的建立为服务创新形成了人力资源上的支持，而在企业内部开发的用于解决产品/服务问题的智能知识库，则在解决问题的同时也促进了服务概念的产生。这些为企业的服务创新提供了组织、人力和知识上的准备。

在 IT 协同资源方面，通过 PDM 实现以服务结构为核心的数据管理，实现了涵盖整个面向服务的产品生命周期的策划、系统和部件开发、工程化、质量控制、资产和财务、制造等多服务业务流程的数据存储和管理体系，协调了企业内部的服务基础设施和服务实现过程，推动了企业在产品服务战略和服务创新的发展。

4.3.2　案例 2-电信设备生产企业

在 IT 基础设施方面，企业通过 i2 SCM 解决方案形成以客户服务需求为导向的整体式服务供应链，一方面能够改善客户服务水准，另一方面可以降低库存及供应链中其他方面的成本。此外，企业建立了基于浏览器的云管理服务平台，以互联网线上自助服务的方式，为用户提供云计算 IT 基础设施服务，为电信运营商、企业和消费者等提供有竞争力的综合解决方案和服务以持续提升客户对企业服务的体验。

在 IT 人力资源方面，企业设立的流程与 IT 管理部作为内部的八大部门之一，在重要职能方面涵盖了产品/服务需求管理、应用开发以及 IT 维护运营；企业不断关注、引导并快速响应客户的服务需求，创造客户价值最大化，实现技术支援向服务创新、服务增值的转移，逐步实现由技术功能型组织向产品化服务型组织转变，服务项目向专业化和产品化转移，非增值服务向外部转移。具体到人员上，在企业内部建立了任职资格体系，牵引服务人员的转型和职业化服务行为。共有近 3400 余名服务人员。其中，五级高级专家 20 余人，四级专家 240 余人，三级及三级以下专家数千名。此外，企业还与外界广泛结盟，从而拥有更充裕的人力资源，使得企业能从传统的基础性服务中抽身并集中资源和精力于网络增值、服务创新等高端服务中去。

在 IT 协同资源方面，企业推出了电信级的推送服务能力。这一推送平台是企业的开发者联盟为全球开发者提供的基于 Push 技术的 PaaS 服务平台，具备高可靠、高到达、大容量等专业的电信级消息推送优势，为开发者提供丰富的场景化消息展现模板和按用户群精准推送，以服务为用户创造互动价值。企业建立了在线服务中心作为企业的服务门户网站，由企业官网中服务支持和培训认证两个频道组成，是面向客户、合作伙伴和社会学员推出的全新在线服务平台。通过提供内容丰富的技术资料浏览和下载、软件补丁下载、在线服务请求、培训认证、社区交流等业务，更好地支撑并服务用户，为其创造更便捷高效的服务体验。

4.3.3　案例 3-鼓风机制造企业

在 IT 基础设施方面，企业的服务经营管理信息系统以项目管理为主线，对产品台账、计划、采购、生产、库存等业务进行融合创新，打通从订单、BOM

（物料清单）管理、生产、采购的计划与执行、库存的业务流，并逐步推进服务业务与财务的一体化管理。在此基础上形成的企业服务创新主要是根据客户需求创新服务的模式，为客户提供全方位多样化的服务。除了设备全生命周期全托式服务，公司还开拓了零库存管理、再制造和合同能源管理服务以及节能减排咨询服务，促使企业从制造商向集成商、服务商以及运营商的服务型制造战略方向转型，目前已经取得了良好的成效。

在 IT 人力资源方面，企业有效整合了内外部服务资源，与西安高校联合培养服务型人才，为企业提供服务技术人员上的支持。为保证信息安全，信息技术人员将企业所使用的网络与集团网络之间设有防火墙并做了物理隔离，同时为了更好地创新客户服务，企业选择对主机、服务和运营三大业务进行 IT 服务外包，并将联想集团作为其 IT 运维商，以外部支援的方式保持企业信息技术的良好运行。企业建立了完善的售后服务体系和信息管理系统，全天候为用户提供咨询服务要求及投诉，及时了解服务中出现的问题，并加以解决，同时为新服务的开发提供借鉴。

在 IT 协同资源方面，在技术信息化上，企业将质量管理和市场服务作为重中之重。从支持技术研发的 CAX 到支持售后服务的大型旋转机械远程在线监测系统对风机油温、转动情况实时监测，企业的客户呼叫中心将产品运行数据及时发回，在拉动后期质量检修的同时更有利于后期维护服务工作的展开，为服务创新奠定了良好基础。与此同时，企业向客户提供的备品备件服务更是体现了 IT 对服务创新的协同，通过共建备件零库存及组建备件联盟，使备件信息重复流转，解除客户在备件管理上的服务之忧。

4.3.4　案例 4-家电制造企业

在 IT 基础设施方面，该企业是家电制造业中的服务标杆，为了切实做好服务，企业开发了一系列的创新服务理念，并对其进行严格实施，为此，企业建立了国内一流的信息处理中心和强大的四级服务网络。信息处理中心由网络化的多媒体呼叫系统、专业化服务流程及在线诊断流程满足不同用户群的不同服务需求。四级服务网络分别是特约服务网点、星级服务中心、社区营销服务一体中心以及技术服务中心。同时，企业还在全国普遍设置了以成套服务车为载体的流动星级服务站，每一辆成套服务车上都配备有 GPS 卫星定位系统、备件、服务人员、用户信息传递系统，实现了人、物、车及信息系统四合一、精确定位、选择最优路线，使车变成流动的服务站。这些面向服务创新和实现的基础设施的建立使得企业取得了良好的绩效。

在 IT 人力资源方面，企业设立了专门的 IT 服务部门，用于负责企业信息化系统的建设与维护，包括服务和需求分析，规划、设计、安装、维护客户应用信息系统、涵盖硬件/软件产品或网络系统/组件服务，也包括对客户的信息化办公应用的支持和对硬件/软件解决方案等服务项目的整合与测试。同时企业还设立了专门的企业大学，学习企业信息化进程是其中的一项课程，以更顺利地推进企业的服务创新和信息化进程。技术服务中心由专职的工程服务团队组成，提供专业化的技术服务。

在 IT 协同资源方面，企业利用现有的研发、物流、制造、销售和服务等资源为客户提供定制化的产品解决方案和服务。通过网上交易服务平台统一采销，并以销售驱动采购，实现采购、库存管理和业务处理的三项分别集中，削减了传统业务操作模式中的那些无效环节，提高了服务效率。实现与客户信息之间的共享和同步协作，内容涵盖合同管理、采购管理、退换货管理以及工作流等服务流程管理，并实现基于网络平台的标准化采购管理、网上"便捷"账务结算以及和数据交互的透明化，创新了对客户的服务界面，同时也拓展了服务的范围。

4.3.5　案例 5-汽车制造企业

在 IT 基础设施方面，企业采用第三数据服务中心，建立异地容灾备份系统，保证企业管理和制造的中枢神经运转通畅，实现整车制造和销售过程的故障零容忍，最大限度地排除服务障碍。在销售端，企业建立了一系列的信息系统为创新服务的实现搭建平台，如企业建立了独有的"金融引擎"衍生服务平台，对银行、保险和租赁等多元化进行整合服务，从而向消费者提供多种金融产品服务解决方案；企业建立的 R3 系统、DSERP 系统、DSCRM（客户关系管理系统）、ElsaWeb（电子服务信息查询系统）、ETKA（电子目录查询系统）、DTMS（经销商培训管理系统）、Dealer Portal（企业经销商的门户系统）、R/3 售后服务 WEB 应用系统以及邮件和资料下载平台的建立则对服务的实现、监督和改进形成了保障。

在 IT 人力资源方面，企业正在实施管理数字化战略，为此设立了专门的信息化部门，企业的主流业务，从采购、物流、生产、销售和财务等都在使用 ERP 进行业务处理，而且这些系统绝大部分实施都依靠企业自己的开发团队完成。企业投入了大量的信息化力量开发 IT 基础设施，并保障其顺利实施，并从这些基础设施的使用过程中不断挖掘服务的潜力和界面，以推动服务创新。

在 IT 协同资源方面，企业通过对 R3 系统、DSERP 系统、DSCRM、ElsaWeb、ETKA、DTMS、Dealer Portal、R/3 售后服务 WEB 应用系统以及邮件和

资料下载平台进行综合利用，使企业对经销商信息、客户信息、企业内部的产品/服务信息精准把握，从而保障了创新服务的有效实施。

4.4　案例企业的组织学习

本书的案例研究中对五个制造企业的组织学习状况具体描述如下。

4.4.1　案例 1-计算机制造企业

在探索性学习方面，企业高管层一直相信思考对于服务创新的力量，并使得集体反思成为该企业团队学习的必备环节，并将反思认为是团队从行动中学习、获取知识并将学到的知识应用于下一次行动中，从而持续提高团队效能与组织智商的核心机制。

在应用性学习方面，该企业认为知识管理的三个要素是员工、沟通过程和知识，作为中国 IT 行业的领军者，自企业创立以来，就将组织学习尤其是团队学习作为形成组织核心竞争力的关键因素之一，企业将最新的研发成果从实验室带到市场中，转化为能够带动基于产品和服务的生产力，并创造了良好的产品和服务效益；企业建立了基于 WEB2.0 理念的服务知识库系统，有助于促进企业的工程师变被动为主动的知识分享，通过工程师 "你修我改、大家帮助大家" 的方式，有效提升知识管理系统中知识文档的技术含量，从而促进技术工程师群体整体技术水平的提高，从而更好地通过学习促进创新性服务的产生。

4.4.2　案例 2-电信设备制造企业

在探索性学习方面，企业启动了以集成产品开发流程（IDP）为核心的业务流程变革。从组织的僵化式学习发展到优化式创新，即将显性知识整合成系统化的显性知识，最后产生固化式提升，即显性知识转化成隐性知识。针对新产品、新服务进行维护经验和案例的深度总结和提炼，并借鉴业界先进运营商的成功经验，从管理的角度进行维护组织、流程和业务保障模式的优化。

在应用性学习方面，针对不同的企业发展阶段，企业构建并形成了适宜的知识酶，从而最大限度地消除那些会对知识转移形成阻碍的制约因素，并以知识酶作为出发点，为知识转移提供必要的资源和条件，从而最大限度地促进组织的知识转移发酵，通过这种方式使组织能够快速地整合内外部知识并不断获取对企业有价值的新知识，从而提升组织的市场竞争力，并不断改进服务创新的流程（石芝玲和和金生，2010)。企业建立了专业的认证、培训、能力咨询、知识传递和在线学院等服务界面和系统，为促进服务创新提供知识准备。

4.4.3 案例3-鼓风机制造企业

在探索性学习方面，该企业形成了由学习机制、组织机制、服务机制和技术机制组成的基于知识管理的制造企业服务创新机制，而客户的学习和反馈是贯穿于整个制造企业所进行的针对客户的服务创新过程，企业在服务化过程中形成服务产品的规格和界面标准等一系列显性知识，完成对产品服务系统的修改和完善，并扩展为向客户所提供的主动式服务。

在应用性学习方面，最近几年来，该企业通过全面推进服务创新、市场创新、技术创新、体制创新以及管理创新等创新工程，使得企业的商业模式、运行体制、管理水平和综合竞争力迅速随市场转变而提升。针对技术创新，该企业不断加强在新产品、新技术和新工艺方面的研发力量，经过长期努力、消化吸收和创新发展，大大提升了产品服务系统的设计、制造以及成套能力，通过成果的转化及市场应用，不断实现服务创新以满足市场需求。

4.4.4 案例4-家电制造企业

在探索性学习方面，该企业每周进行一次的案例研讨为其实现组织学习提供了知识动力；"T模式"与"人单合一模式"实施中的组织协同和全员协同程度成为案例研讨会的关注重点，而案例研讨的结果会有利于流程的优化，并对SBU经营进行激励诱导；动态改进有利于知识的积累与创新，案例研讨会有利于知识的共享与扩散，并推动全员学习。案例研讨过程不仅是一个知识共享与扩散的过程、学习和创新的过程，也是一个组织整合并付诸行动的过程。从组织学习机制化保障的角度来看，该企业的战略与和谐主题为案例研讨提供了目的导向，案例研讨则为其实现提供了知识动力。

在应用性学习方面，一方面，该企业认为成果的商品化必须回到市场中，市场效果构成了技术和服务创新最重要的检验工具，也是检验技术和服务创新工作是否成功的重要标准。因此，企业注重在白色家电中不断推进新技术的研究应用，实现家电界面新技术相关模块的信息管理与调配，资源和信息共享，强化客户服务。该企业将技术和服务创新看做是积极参与市场竞争并借此赢得竞争优势的重要途径，正因为此，技术和服务创新能力就构成了企业保持对市场变化的敏锐性，积极掌握市场主动权并发展成为行业领先者和市场领袖的基本条件。

4.4.5 案例5-汽车制造企业

在探索性学习方面，该企业一直在坚持全员学习，所有员工都必须了解企业目标、企业文化和企业精神，熟练掌握相关的知识和技能，具备相应的素质。企业通过建立系统严谨的教育体系以实现员工的多技能和产品/服务实践力，最大限度地提高个人的创造力及团队优势，并形成"学习工作化、工作学习化"的企业文化。通过学习开发组织的服务潜能，铸就企业的核心竞争力，建立高效的学习激励机制、知识共享系统和服务传递机制。企业非常注重个人学习层级和团队学习层级的建立，建立学习中心，持续营造学习氛围，使得员工能够不断提高个人学习能力。采用讲座和培训班的形式，围绕企业产品/服务实践中出现的问题组织员工进行实地案例分析和沙盘演练，通过多种方式提升企业员工解决实际问题的技能，为服务创新提供技能上的准备。

在应用性学习方面，该企业的汽车产品在生产工艺当中最大限度地采用创新技术，同时，也增加了很多环保技术，包括降低发动机怠速、优化变速箱及齿比、轻量化设计，更好地实现服务。企业在车型上采用的蓝驱技术不仅可以进一步优化其在油耗上的优势，更凭借先人一步的服务技术理念引领了汽车技术发展潮流。企业坚持创新，不仅在技术上创新，更通过在金融服务的拓展而向客户提供更好的服务界面，取得了良好的销售绩效。

4.5 案例企业的服务创新绩效

本书对五个案例企业的服务创新绩效具体描述如下。

4.5.1 案例1-计算机制造企业

该企业2009年在"全球最具创新力企业50强"中位列46位。企业努力实现从制造向服务转型，其创新除了原有的以技术创新为主的制造业创新之外，服务创新对创新能力的提升作用愈加重要而明显。

在市场绩效方面，凭借优良的产品和服务，该企业2011年第四季度销售额达84亿美元，同比上升44%；净利润为1.53亿美元，较上一财年同期上升54%。

在顾客吸引绩效方面，中国家用电器服务维修协会公布了2010年度"笔记本电脑送修服务顾客满意度测评报告"。该品牌的服务赢得了笔记本电脑送修服务领域的第一名，并且在响应性、有形性、保证性、可靠性和关爱性这五个评测维度都摘得桂冠，充分体现了该企业服务在业界突出的领先地位和广大消费者对该企业所提供服务的信赖与支持，充分体现了该品牌对顾客的吸引力。

在服务研发绩效方面，企业强调服务创新，并追求创新的速度和效率，专注于对客户和企业有影响的创新，采用"软件、硬件、云端服务三位一体"的研发能力，企业在全国范围内全面实施一站式服务，更加注重服务与技术、服务与业务的结合，切实提高企业的竞争力。

4.5.2　案例 2-电信设备制造企业

该企业的服务化发展分为无偿服务、有偿服务和专业化服务三个阶段，企业的技术支援部成立了专门负责服务推进的服务销售管理部以促进服务的发展。

在市场绩效方面，归功于新的电信服务项目，该企业 2012 年销售收入达到 2202 亿元，同比增长 8%；净利润 154 亿元，同比大幅增长 33%。

在顾客吸引绩效方面，企业建立了以客户为中心的营销业务模型，并分为客户关系、市场、销售和服务这四大业务模块。其中，服务业务涵盖工程服务、技术支持、资料支持、用户培训、配件支持和客户满意度管理，而客户满意度管理更是细化到客户满意度评估、客户满意度改进策划、主动服务、客户意见收集、反馈、协调和处理，最大限度地吸引并保留客户。

在服务研发绩效方面，企业建立了服务营销中心，旨在通过建立明确实用、简洁高效而且能够满足客户需求的服务营销流程，树立企业的服务品牌，创造客户满意。在具体的部门职责方面，销售管理部、销售支持部、系统集成部、产品行销部、营销策划部以及海外服务销售部分别负责相应的业务，而同时这些部门又相互合作，共同推动企业服务创新的具体实施过程。

4.5.3　案例 3-鼓风机制造企业

在市场绩效方面，凭借一系列的产品服务系统，2011 年该企业实现营业收入 51.50 亿元，同比增长 18.40%，实现净利润 8.33 亿元，同比增长 25.28%。

在顾客吸引绩效方面，企业建立了客户的个性化档案，充分利用客户资源，对客户需求进行快速反应，给予客户一对一的个性化服务，以吸引潜在的客户并留住最有价值的客户，获得大量针对性强，内容具体，有价值的市场信息，企业建立了完整的客户服务管理系统，能够对客户服务过程进行简化，提高对客户需求服务的响应速度；提升客户自助服务的可操作性以及便利性；增加客户对服务过程的了解度，进而提高客户满意度；而客户抱怨和建议系统的建立使得企业能够非常清晰地了解客户对产品和服务的想法。这些措施都对吸引和保留客户起到了非常大的作用。

在服务研发绩效方面，自 2001 年开始进行服务型制造转型以来，企业已经成功地从提供单一产品的供应商转型成为提供动力成套装备系统解决方案和系统服务的服务商，并从产品经营企业转型为品牌经营与资本运作的制造企业。企业为能量转换领域提供高效、节能的动力设备，通过服务创新为客户提供系统解决方案和系统服务，凭借其一流的技术和过硬的产品和服务质量，先后三次荣获国家科学技术进步二等奖，两项产品获得"中国名牌"。

4.5.4　案例 4-家电制造企业

在市场绩效方面，由于该企业一直以服务优良著称，在 2011 年，企业实现全球营业额 1509 亿元，是 1984 年创业时的 4 万倍，利税总额 122 亿元，其中利润总额达到 75.2 亿元，品牌价值达到 962.8 亿元，连续 11 年蝉联中国最有价值品牌榜首。

在顾客吸引绩效方面，在企业产品的销售过程中，始终站在客户角度，围绕客户价值链的各个环节进行服务创新，提升客户价值。企业相信只有做好服务才能吸引回头客。服务创新已经成为该企业提升顾客满意度的积极措施和推动企业发展的强大动力。企业建立了自己的全国广域网，在青岛总部以及上海和北京建立了第三代呼叫中心，并将其作为主要的信息收集部门，而将电子邮件、传真、信函以及销售代表反馈作为辅助手段。客户服务系统可以与各部门进行协同工作和信息共享，并与企业的 ERP、SCM 和电子商务系统进行集成。如此操作使得各部门能够非常方便地查找客户信息并进行服务质量分析。

在服务研发绩效方面，企业以用户服务需求为基础，当前已经走上了"去制造化"的服务转型之路。服务已经形成了配套产品向用户提供设计、安装解决方案的新模式，并致力于一次购买终身服务的服务升级。在企业创立的七星服务模式下，消费者可以轻松体验包含产品之星、质量之星、设计之星、健康之星、便捷之星、速度之星、服务之星在内的细致化周到服务。企业认为服务是获取用户资源赢得用户心最核心的渠道，因此，在全国的主要社区都以半小时为服务时间半径，建设了上千个星级服务中心，并在每个服务中心都建立了领先的信息化系统，并配有流动的成套服务车，形成对客户请求随叫随到的专业服务力量。

4.5.5　案例 5-汽车制造企业

在市场绩效方面，产品/服务具有良好口碑，全系产品热销，该汽车企业不仅连续四次问鼎国内车企销量榜首，更成为今年持续下滑的国内车市中为数不多的赢家之一，2012 年该企业制造的汽车销售量超 130 万辆，合并上交国家各种税金达 1269 亿元。企业具有国际标准的 4S 销售模式（整车销售、零配件、售后服务、信息反馈）、数以十万计的营销人员，高效率、人性化的服务，形成了强大的市场前沿。

在顾客吸引绩效方面，企业不仅关注产品销量，更加注重销售体系建设，努力提升自身服务水平。"两大计划"的推广实施改变了企业与经销商的传统关系，从单纯的经销转变为合作伙伴，共同为用户提供更加周到的服务。同时，企业从经销商处获得了更加精准的市场反馈，产品的定位也更加准确。创新的营销理念正在从产品和服务等多个维度为用户创造价值。企业建立的呼叫中心荣获中国最佳客户服务中心奖，这一奖项已成为衡量企业客户服务水平高低的公认标杆。

在服务研发绩效方面，该汽车企业为用户提供全年无缝隙的贴心服务，企业推出的"严谨关爱 365"服务活动，参照车主全年出行习惯并结合各地气候差异为用户量身定做了十余款免费检测菜单，以满足用户全年需求。从"严谨就是关爱"的推出，到"星级酒店式服务"的问世，企业在实际工作中不断创新企业的服务精髓，并构建更为长远的服务产品化体系。从产品投放、到市场营销再到产能布局，企业始终坚持以成为高品质汽车的代名词为目标，走出一条适合企业可持续发展的道路。

4.6　案例数据信息编码

本节在对上述案例数据分析的基础上，对各案例项目的 IT 能力、服务创新绩效、组织学习的各个构面逐一评判并打分，并邀请被采访人员和专家进行审核及修正，用"很高、较高、一般、低、很低"这五个等级依次从高到低地表示案例项目中各项具体指标的水平，本书对五个案例项目的数据分析结果进行了汇总，见表 4-2。

表 4-2   案例项目的 IT 能力、组织学习和服务创新绩效水平

案例	IT 能力			制造企业服务创新绩效			组织学习	
	IT 基础设施	IT 人力资源	IT 协同资源	市场绩效	顾客吸引绩效	服务研发绩效	探索性学习状况	应用性学习状况
1	很高	很高	很高	很高	较高	很高	很高	很高
2	很高	很高	较高	很高	较高	较高	很高	很高
3	较高	较高	很高	很高	较高	较高	很高	较高
4	很高	很高	较高	较高	很高	很高	很高	较高
5	较高	较高	一般	较高	较高	较高	一般	较高

4.7   进一步探讨与初始命题的提出

本节将对前面五个案例中的各组变量采用对比分析的方法，并结合第 2 章的相关理论文献提取 IT 能力对制造企业服务创新绩效的作用机理假设，论述组织学习在上述关系中的中介作用，考察服务型制造中 IT 能力如何通过提高组织学习效果进而促进制造企业的服务创新绩效，分析服务化战略的影响，从而形成初始的研究假设命题。

中介变量的作用在于研究自变量对因变量产生的影响。假如自变量对因变量有影响，并且自变量 X 是通过变量 M 来影响 Y，那么 M 就是中介变量，本书的第 5 章实证分析检验中对中介效应做了更具体的介绍。

4.7.1   IT 能力与服务创新绩效的关系

在 3.1 节中，本书对 IT 能力的概念和组成构面进行了深入的分析。国外有学者提出 IT 能力与服务创新绩效之间具有相关性（林文进等，2009），但研究中面对的企业对象类型比较宽泛，目前还未见到在中国内地独特的制造背景和文化特征下针对 IT 能力对服务创新绩效影响机理的相关研究。

从 4.3 节中的案例分析可以发现，IT 基础设施、IT 人力资源和 IT 协同资源的水平越高则越有利于服务创新绩效的提高。譬如在案例 1 和案例 4 中，具有很高的 IT 能力的制造企业，也具有很高的服务创新绩效；而案例 5 中，IT 基础设施和 IT 人力资源较高，其市场绩效、顾客吸引绩效和服务研发绩效都保持在较高水平，而不是很高的水平。结合理论文献，本书预设模型一，即 IT 能力对制造企业服务创新绩效具有重要影响。

考虑到上述分析和推测，本书提出以下初始假设命题：

H1：IT 能力对制造企业服务创新绩效有显著正向影响；

H1-1：IT 基础设施对制造企业的市场绩效有显著正向影响；

H1-2：IT 基础设施对制造企业的顾客吸引绩效有显著正向影响；

H1-3：IT 基础设施对制造企业的服务研发绩效有显著正向影响；

H1-4：IT 人力资源对制造企业的市场绩效有显著正向影响；

H1-5：IT 人力资源对制造企业的顾客吸引绩效有显著正向影响；

H1-6：IT 人力资源对制造企业的服务研发绩效有显著正向影响；

H1-7：IT 协同资源对制造企业的市场绩效有显著正向影响；

H1-8：IT 协同资源对制造企业的顾客吸引绩效有显著正向影响；

H1-9：IT 协同资源对制造企业的服务研发绩效有显著正向影响。

研究假设示意图如图 4-1 所示。

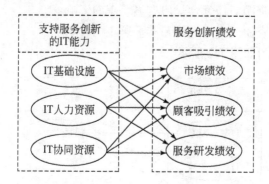

图 4-1　IT 能力对制造企业服务创新绩效影响的基本模型

4.7.2　IT 能力与组织学习之间的关系

前文对学术界已经出现的 IT 应用及 IT 能力与组织学习之间关系的研究进行了阐述，个别的研究指出 IT 的应用有助于提高企业的组织学习，同时，企业的 IT 能力对组织学习有显著的正向影响，但这些研究没有以服务型制造模式为研究背景，也没有考虑到制造企业的服务创新活动对 IT 能力、组织学习以及二者关系的影响。

另外，分析 4.3 ~ 4.5 节的服务型制造模式下的制造企业服务创新案例，可以发现 IT 能力与组织学习有一定的关系，如案例 1 中的计算机制造企业从采购、生产到产品销售活动都构建了很强的 IT 能力，企业也很重视"反思式"的组织学习，并取得了良好的学习效果，再如案例 2 中的电信设备制造企业从供应链到组织架构都非常重视 IT 的作用，在组织学习方面非常强调投入，不论是从资金方面还是从知识产权保护方面都为组织学习创造优质土壤，取得了非常好的以新技术应用为代表的组织学习效果；而案例 5 中的汽车制造企业也比较重视 IT 能力建设，采用了一些先进的管理信息系统，整体的 IT 能力处于较高水平，在组织学习方面采用多种方式进行培训学习，提高员工解决实际问题和创新服务的能力，获得了比较好的组织学习效果。

考虑到上述分析和推测，本书提出以下初始假设命题：

H2：IT 能力对组织学习状况有显著正向影响；

H2-1：IT 基础设施对探索性学习有显著正向影响；

H2-2：IT 基础设施对应用性学习有显著正向影响；

H2-3：IT 人力资源对探索性学习有显著正向影响；

H2-4：IT 人力资源对应用性学习有显著正向影响；

H2-5：IT 协同资源对探索性学习有显著正向影响；

H2-6：IT 协同资源对应用性学习有显著正向影响。

研究假设示意图如图 4-2 所示。

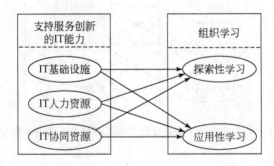

图 4-2　IT 能力影响组织学习的基本模型

4.7.3　组织学习与制造企业服务创新绩效的关系

在 3.4 节中，本书对组织学习相关的理论文献进行了梳理，目前学术界对组织学习与服务创新绩效的关系研究比较少，学者们的研究发现：有效的组织学习能在企业中形成更好的创新绩效（Senge，2004）；组织学习有助于增强企业的知识基础，进而促进服务创新（Johne and Storey，1998）；组织学习能够增强企业开发新服务的意愿以及实现新的创新组合的能力，缩短新服务的开发周期，比竞争对手更快速地开发出新服务，从而有助于保持和提升在市场竞争中的地位，并开拓新的市场机会（Helena et al.，2001）；以创新为导向的组织学习能够增强组织知识基础，从而提高了新服务开发绩效（刘顺忠，2009），而考虑中国制造企业强化服务或开展服务型制造这一现实状况，针对组织学习与服务创新绩效的关系还没有人进行研究。

4.3～4.5 节的案例分析显示，服务型制造中组织学习与服务创新绩效有一定的关系，如案例 4 中的家电制造企业非常重视组织学习，对以案例研究为主要形式的组织学习形成了制度化保障，强调生产和服务过程中对资源和信息的高度共享，在服务创新方面可谓独树一帜，以客户需求满足为价值链改造的目标，努力提升客户价值，使服务创新成为企业提升顾客满意度的积极措施和推动企业发展的强大动力，依靠服务创新吸引客户，并取得了良好的绩效；而在案例 5 的汽车制造企业中，努力形成"学习工作化、工作学习化"的企业文化，强调组织学习以及技术成果的产业化应用，因此取得了不错的组织学习效果，但与案例 4 中的家电制造企业相比还有一定差距，在服务创新绩效方面则强调产品线的准确定位，努力使得每一款产品在细分领域都取得良好销售绩效，经过企业的努力也达到了比较理想的服务创新绩效，提高了企业的竞争优势。

考虑到上述分析和推测，本书提出以下初始假设命题：

H3：组织学习对制造企业服务创新绩效有显著正向影响；

H3-1：探索性学习对制造企业市场绩效有显著正向影响；

H3-2：探索性学习对制造企业顾客吸引绩效有显著正向影响；

H3-3：探索性学习对制造企业服务研发绩效有显著正向影响；

H3-4：应用性学习对制造企业市场绩效有显著正向影响；

H3-5：应用性学习对制造企业顾客吸引绩效有显著正向影响；

H3-6：应用性学习对制造企业服务研发绩效有显著正向影响。

研究假设示意图如图 4-3 所示。

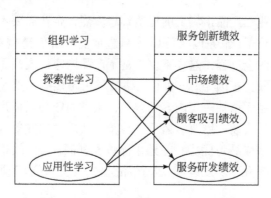

图 4-3　组织学习对制造企业服务创新绩效影响的基本模型

4.7.4 组织学习的中介作用

Mabey 和 Salaman (1995) 认为学习是组织维持创新的主要因素, 进而使学习型组织成为获利的企业。组织学习是组织应对环境变化的能力, 以及促进知识创新或知识获取并使之扩散到整个组织, 最终体现在产品、服务和体系中的能力。但是组织学习的开展依赖于外界条件, 特别是制造企业的信息化水平。

本书的案例分析揭示了 IT 能力不仅能够极大地方便企业的员工对企业内外部信息的获取和分发, 并且通过制造企业内部的数据库, 能够对制造企业具备的信息和知识进行统一的编码和管理, 进而有效促进组织对信息和知识的共享和创建。而在此基础上, 企业员工能够将自身的新信息和新问题与企业已有的信息和知识进行结合, 形成初步的服务创新思路, 提高制造企业对信息和知识的利用水平, 为创新服务奠定基础, 据此可以假设组织学习在 IT 能力与服务创新绩效这两者的关系中起着中介作用。

考虑到上述分析和推测, 本书提出以下初始假设命题:

H4: IT 能力以组织学习为中介对制造企业服务创新绩效产生显著正向影响;

H4-1: IT 能力以探索性学习为中介对制造企业服务创新绩效产生显著正向影响;

H4-2: IT 能力以应用性学习为中介对制造企业服务创新绩效产生显著正向影响。

4.7.5 服务化战略的调节作用

当前, 制造企业在产品市场上的竞争日趋激烈, 企业需要不断寻求新的利润源泉, 由于通过 "产品-服务包" 可以使制造企业的价值链贯穿于产品销售前、销售过程和销售后的全过程, 这样不仅丰富了产品内容, 提高了产品竞争力, 而且也提高了企业绩效, 正因为此, SSP 战略被越来越多的制造企业所采纳, 这一战略是基于有形产品而增加一定内容的服务, 服务内容与具体产品之间具有较高的相关性, 包括产品安装、维修、监督、检验、代理和回收等。制造企业通过附加于产品的服务而获取品牌优势、差异化优势和利润。SSP 战略的出发点均是基于具体产品的功能提升、研发设计以及产品交易, 处于制造企业服务化转型的初级阶段。

SSC 服务化战略是企业发展战略由基于产品的服务转变成为基于客户需求的服务。这一服务模式将制造企业与供应链、市场研发、销售等企业运营能力延伸，不再与企业的实体产品进行绑定，而是以挖掘顾客的潜在需求作为目标，利用自身的运营优势和强大的服务体系，发展转变成"一站式"解决方案提供商，而非产品供应商，进而实现企业与客户的双赢。另外，细化后的产业分工催生了"代工"、"OEM（定点生产）"等无工厂化生产新模式的形成，企业从最初的生产产品出发，拓展到在设计、品牌、渠道建设方面的核心竞争力，围绕客户的需求提供全方位的产品和服务，甚至在企业成立之初就采用这样重设计和市场的哑铃型结构，这是制造企业服务化转型的高级阶段。制造企业基于有形产品，将原来集成于产品中的技能、知识等要素分解出来，并外化为各种服务要素（如信息咨询、研发、物流、市场调研、技术支持等），通过向客户提供"服务解决方案"以及"组合服务"进而实现价值获取和发展模式的转变。通过上述分析可见，SSC 战略中的服务是独立于有形产品，客户不用购买有形产品即可进行体验服务，此类服务主要是代管企业的各项运营职能，提高其竞争力、运转效率或降低成本，从而创造更多客户价值，其服务的典型是进行融资、企业咨询、业务流程培训、管理服务等。

从 SSP 战略的特点来看，其是在有形产品的基础上增加与此相关联的服务，服务内容与产品具有较高的相关性，其中典型代表是产品安装、维修、监督、检验和回收等服务，SSC 战略是企业将发展战略由基于产品的服务转变成基于客户需求的服务，提供"服务解决方案"或"组合服务"以实现价值获取和发展模式上的转变，这是制造企业服务化转型的高级阶段。

由于组织学习是企业不断获取知识和信息，并对知识和信息进行挖掘和整理，并在组织中开展知识共享和信息协同，从而借助知识的使用来提升价值，并开发新知识的过程，SSP 战略与 SSC 战略相比较，其服务化更有形，这种有形体现在服务流程、服务范围、服务规范和服务传递上，制造企业更容易对服务进行规划和实施，而企业对服务过程中相关的知识和信息的获取也更加依赖于信息技术，故此分析 SSP 战略下的 IT 能力应该能够发挥更大的影响作用，因而，本书假设服务化战略对 IT 能力和组织学习的关系产生调节作用。

在 SSC 战略下，制造企业基于有形产品，将原来集成于产品中的知识、技能等要素进行分离，并外化成为各种服务要素，如信息咨询、研发、物流、市场调研、技术支持等，企业借助"服务解决方案"或"组合服务"来进行价值获取。这种 SSC 战略模式的开展需要更多的信息桥梁作为纽带，如顾企之间关于服务的交互，企业与外包商、供应商、合作商、科研院所之间的信息交互，这种信息交互的程度依赖于 IT 能力，并强烈影响到企业的服务创新绩效。

在案例 3 中，企业开展了服务转型：从卖产品到卖方案、从单一产品供应商向动力成套装备系统解决方案商和系统服务商转变，并采用"金融企业+核心企业+客户企业"的融资服务模式。因此其服务模式是较为典型的 SSC 模式。案例 3 企业在信息化方面应用了一系列的信息化项目，从基础的计算机网络平台到支撑业务的应用软件系统，从支持技术研发的 CAX 到支持售后服务的设备远程在线监测、故障诊断系统、客户呼叫中心等，对信息技术的综合应用，并协调 IT 人力资源，进行协同后形成了其自身较高的 IT 能力，企业向客户提供零库存管理、再制造和合同能源管理服务以及节能减排咨询服务，企业根据客户需求创新服务的模式，为客户提供全方位多样化的服务。企业已经成功地从提供单一产品的供应商转型成为提供动力成套装备系统解决方案和系统服务的服务商，并从产品经营企业转型为品牌经营与资本运作的制造企业，企业为能量转换领域提供高效、节能的动力设备。通过服务创新为客户提供系统解决方案和系统服务，企业具备了较高的信息化程度，其 IT 能力推进了业务创新，而业务创新又可以创造企业新的核心竞争能力，使企业实现更大的发展。经过这样的 IT 能力塑造过程和全方位努力，企业取得了良好的服务创新绩效，营业收入大幅增长；良好的顾企信息交互促使企业能够实现对客户的个性化服务，简化客户服务流程，提高了客户满意度和忠诚度。

通过以上的理论和案例分析，本书假设服务化战略在 IT 能力对服务创新绩效的影响关系中发挥着调节作用。

考虑到上述分析和推测，本书提出以下初始假设命题：

H5-1：SSP 战略下 IT 能力对组织学习的影响显著大于 SSC 战略下 IT 能力对组织学习的影响；

H5-2：SSC 战略下 IT 能力对服务创新绩效的影响显著大于 SSP 战略下 IT 能力对服务创新绩效的影响。

本书的概念模型如图 4-4 所示。

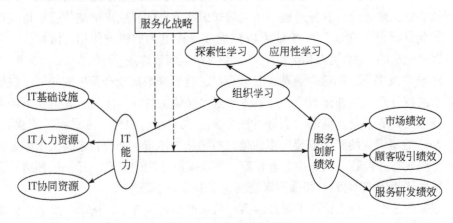

图 4-4　本书的概念模型

第 5 章 研 究 设 计

本部分研究的目的在于探究 IT 能力对制造企业服务创新绩效的影响以及组织学习在其中所发挥的中介作用，从而为制造企业更好地管理企业的 IT 能力和组织学习过程，促进服务创新并提高企业的核心竞争力提供理论依据或管理建议。本书在第 4 章中已经通过探索性案例分析提出了相关的研究假设，本章研究则围绕研究变量的测量、样本选择和数据收集以及研究方法这三部分内容展开。

5.1 研究变量的测量

在实证研究中，指标设计的好坏与否在很大程度上决定着研究统计分析结果的可靠性和有效性。因此，研究问卷的编制与质量控制成为本书中的关键工作之一。

本节将对如何获取变量测量指标进行分析，参考现有的研究成果，并结合本书自身的实际需要、在探索性案例分析中所提取出的知识信息以及本领域专家的建议，对研究中所涉及的变量进行操作化定义，并将每个变量都进行在构面上进行划分，旨在降低变量的抽象程度，之后再将具体的构面进行转化从而形成容易观测的具体要素，并最终形成更具体的测量指标。

5.1.1 变量测量指标的获取方法

根据第 4 章中提出的研究假设和理论模型，本书对国内外相关理论文献进行了搜索和梳理，结合第 4 章中案例分析时抽取出的语干而设计了问卷中各个变量的测量项。需要测量的变量包括服务型制造模式下 IT 能力、组织学习和制造企业服务创新绩效。本节将重点介绍变量的测量维度和测量项，主要包括三部分：一是 IT 能力三个维度的测量，即自变量测量，包括 IT 基础设施、IT 人力资源和 IT 协同资源；二是组织学习状况的两个维度的测量，即是中间变量的测量，包括探索性学习状况和应用性学习状况；三是制造企业服务创新绩效三个维度的测量，即结果变量的测量，包括市场绩效、顾客吸引绩效和服务研发绩效。

本书对变量的八个维度，在量表的设计上都尽可能体现服务创新的影响。

在变量的测量项目选择方面，借鉴已有的国内外相关理论研究，同时根据对第4章中的五个典型制造企业的案例分析，以及在企业中的实地访谈来进行补充完善。针对变量测量指标的选取，本书采用了下述三种方式：

1）直接引用一些在国内外理论文献中出现且已被经验研究证实其信度和效度的测量项目；

2）借鉴探索性案例研究所揭示出的服务型制造模式下IT能力通过组织学习影响服务创新绩效的语干信息添加测量题项；

3）根据本书的特点，通过对制造企业管理人员的实地访谈，并根据本领域专家意见及访谈结果提出的测量项目。

5.1.2 变量的操作化定义

本书主要涉及IT能力、组织学习、制造企业服务创新绩效和制造企业的服务化战略，其中IT能力用IT基础设施、IT人力资源、IT协同资源三个潜在构面来测度；组织学习用探索性学习和应用性学习两个潜在构面来测度；制造企业的服务创新绩效用市场绩效、顾客吸引绩效和服务研发绩效来测度，服务化战略作为类别调节变量分为以产品为中心的服务化战略和以客户为中心的服务化战略。在以调查问卷作为主要方法的实证研究中，考虑到变量具有抽象性，因此必须对变量进行操作化定义，从而明确界定各个变量的具体测量题项。本书对已有研究文献中的相关测量题项进行了借鉴，同时又根据第4章的探索性案例分析对已有测量题项进行修正，使其更加贴合于本书的实际需求。

1. IT能力的操作化定义

在本书中，IT能力是概念模型中首要的自变量，在综合已有研究成果和实际研究需要的前提下，从IT基础设施、IT人力资源、IT协同资源三个方面测量IT能力。结合相关理论文献的研究成果以及本书的实际需要、结合探索性案例分析和专家建议，对IT能力的操作化定义见表5-1。

表5-1 IT能力的操作化定义

变量	维度	题项	文献基础
IT 能 力	IT 基 础 设 施	1）信息技术基础设施加强了公司和客户的联系，从而使公司以创新化视角了解客户对服务的需求	Tippins and Sohi, 2003；杜维等，2010；
		2）信息技术的应用促进了公司对上下游业务领域的敏感度，有利于进行服务创新	Bharadwaj, 2000；Santhanam and Hartono, 2005；
		3）信息技术基础设施改善或优化了公司客户服务流程	Ganesh and Varun, 2005

变量	维度	题项	文献基础
IT能力	IT基础设施	4）公司与供应商、客户和合作伙伴之间建立了有益于服务创新的信息系统	
		5）信息技术的应用加强了公司内部不同经营环节的整合，促进了服务创新的效率	
	IT人力资源	1）公司的信息技术人员能够熟练使用信息系统以实现服务创新	孙晓琳和王刊良，2009；Powell and Dent-Micallef, 1997；Ray. et al., 2005；Bharadwaj, 2000；Ravichandran and Lertwongsa-tien, 2005；Wade and Hulland, 2004
		2）公司员工擅长通过网络渠道收集和分析顾客信息，从而能更好地把握服务创新的方向	
		3）公司的信息技术人员能够根据业务上存在的问题来制定相应的服务解决方案，从而使服务创新更有针对性	
		4）公司的信息技术管理者了解公司的服务创新战略	
		5）公司员工可以紧跟信息技术发展的新趋势，同时也理解信息技术对服务创新的重要性	
		6）信息技术管理者懂得公司的产品和服务流程	
	IT协同资源	1）信息技术的应用提高了公司预测消费者需求的能力，从而有利于开展有针对性的服务创新	Bharadwaj, 2000；Ravichandran and Lertwongsa-tien, 2005；Mukhopadhyay and Kekre, 2002；Ray et al., 2005；Santhanam, 2003
		2）信息技术的应用使公司能够更好地把握服务创新的大趋势	
		3）信息技术的应用为顾客提供了更好的支持和服务	
		4）公司利用信息技术促进了公司内部各部门的资源与信息共享，为服务创新建立内部协同的技术基础	
		5）利用信息技术整合顾客信息以利于开展对顾客的个性化服务	
		6）信息技术应用系统的协调运作能够满足业务部门和客户的服务需求	

2. 组织学习的操作化定义

本书针对组织学习这一概念模型中的中介变量，在综合现有理论研究和企业实际需要的前提下，从探索性学习和应用性学习两个方面测量组织学习。结合相关理论文献的研究成果以及本书的实际需要、结合探索性案例分析和专家建议，对组织学习的操作化定义见表 5-2。

表 5-2　组织学习的操作化定义

变量	维度	题项	文献基础
组织学习	探索性学习	1）公司掌握了先进的产品/服务开发方法与流程	Tippins and Sohi, 2003；Cohen and Levinthal, 1990；Alegrea and Chiva, 2008；Garvin, 1993
		2）公司鼓励员工去摸索新的产品/服务实现方式	
		3）公司注重革新管理方法和组织方式以提高产品/服务创新效率	
		4）公司和客户通过多种渠道进行沟通以了解客户对产品/服务的需求	
	应用性学习	1）公司不断加强与现有产品和服务相关的知识与技能	Tippins and Sohi, 2003；Brown and Eisenhardt, 1998；Dai and Duserick, 2008；Kapasuwan and Mccullough, 2008
		2）公司将资源投入到成熟技术的应用上以提高服务创新的成功率	
		3）公司正在逐步改进针对现有客户问题的服务解决方案	
		4）公司不断加强现有产品和服务的开发流程	
		5）公司采纳新的知识和技能以提高现有服务创新活动的效率	

3. 服务创新绩效的操作化定义

针对概念模型中的因变量-服务创新绩效，在综合现有理论研究和企业实际需要的前提下，从市场绩效、顾客吸引绩效和服务研发绩效三个方面测量制造企业的服务创新绩效。结合相关理论文献的研究成果以及本书的实际需要、结合探索性案例分析和专家建议，对服务创新绩效的操作化定义见表 5-3。

表 5-3　制造企业服务创新绩效的操作化定义

变量	维度	题项	文献基础
服务创新绩效	市场绩效	1）公司开展服务创新以来年销售收入增长幅度更大	Cooper and Kleinschmidt, 2007；Storey and Kelly, 2001
		2）公司开展服务创新以来市场份额增长幅度更快	
		3）公司服务收入所占比例不断增长	
		4）公司的服务盈利能力不断扩大	
	顾客吸引绩效	1）顾客对公司提供的产品服务系统或服务项目非常满意	Berry et al., 2006；Griffin and Page, 1993
		2）公司提供的产品/服务或解决方案有效性很高	
		3）公司产品/服务的履约率在不断提高	
		4）公司所采取的服务创新举措吸引着越来越多的顾客	

续表

变量	维度	题项	文献基础
服务创新绩效	服务研发绩效	1）公司每年都会推出新的产品/服务项目	Voss and Voss, 2000; Jaw et al. , 2010
		2）公司的新产品/服务开发总是在预定期限内完成	
		3）公司在进行新产品/服务开发时经常和客户沟通，以了解其需求	
		4）公司提供的产品服务系统中客户价值主要来自于服务	

本书主要采用李克特的五级量表打分法对观测变量进行测度。数字1～5表示从"非常不同意到非常同意"之间的过渡，其中，"1"表示非常不同意，"2"表示基本不同意，"3"表示一般，即态度中立，"4"表示基本同意，"5"表示完全同意。

5.1.3 问卷编制流程及质量控制

图5-1展示了本书中问卷编制的具体流程。在量表编制过程中，本书注重结合案例中服务型制造模式下IT能力、组织学习、服务创新绩效的特征，以及相关研究领域的多名专家及管理人员的结构化和半结构化访谈，从而形成研究调查问卷。在具体题项的措辞上，西安理工大学经济与管理学院中很多博士生提出了不少建议，减少了可能出现的表达不清和歧义，之后又将修改后的问卷发给10位曾参与过服务创新项目的经理级人员进行小样本预测，依据其反馈做出初步的检验分析，对问卷进行修改和完善，并在此基础上形成最终的调查问卷。

5.2 样本选择和数据收集

5.2.1 样本选择过程

参照相关研究对涉及的变量及其问卷进行设计，并对其进行检验，然后再制作问卷，作为数据搜集的工具。为了取得有代表性的制造企业样本，本书选择在中国内地的东部、中部、西部的大部分地区收集问卷，涉及陕西、四川、重庆、

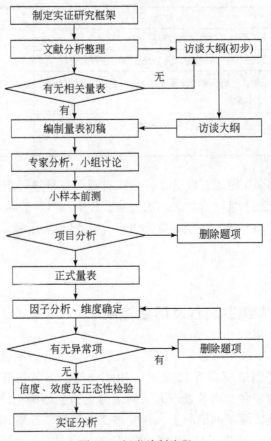

图 5-1　问卷编制流程

贵州、北京、山西、广东、浙江、上海、江苏、福建、河北、河南等省（直辖市），作为样本的制造企业分属于不同的制造业，包括：①装备制造业；②汽车制造业；③纺织或服装制造业、食品、饮料、茶或烟草制造业；④家具或文具制造业；⑤金属或矿物制品加工业；⑥橡胶、塑料、化纤制造业；⑦医药制造业；⑧石油或化工制造业；⑨计算机、通信、仪表或电子设备制造业及其他制造业分类，其中装备制造业、计算机和通信产业因其产品的复杂性更适合开展服务型制造，因此在这两类的企业选择上尽可能多一些。在企业类别上包括国有、民营、三资等多种所有制性质企业，广泛分布的样本会使研究结果更具有代表性。

5.2.2　问卷投放与收集

正式问卷共分为以下四个部分：第一部分是企业概况，主要设置企业的一般信息和填表人信息，以及企业的服务化战略选择；第二部分为制造企业 IT 能力状况调查，包括企业的 IT 基础设施、IT 人力资源、IT 协同资源相关调查；第三部分是制造企业服务创新绩效状况调查，包括企业的市场绩效、顾客吸引绩效和服务研发绩效调查；第四部分是制造企业中组织学习状况，包括探索性学习和应用性学习状况调查。

第一部分的企业概况包括受访者个人信息和企业信息。个人信息包括受访者年龄、参加工作的年限以及受访者的管理层级；企业信息包括公司名称、所有制类别、员工人数、设立时间、资产总额、主导业务所在的制造业分类、上一年度的销售总额以及产品在所属行业的市场占有率，企业的服务化战略选择；具体题项见附录。

第二至第四部分均采用李克特五级量表法，经过专家访谈、同门讨论，删除和增加部分题项、修改题项的措词后而形成，最终问卷包括了 38 个题项。

本书中问卷发放目的是对量表进行检验并对理论模型进行实证检验，调研时间为 2012 年 6 月至 2013 年 12 月。在制造企业或具有服务导向的制造企业中发出问卷 1100 份，总共回收样本 731 份，其中收到有效问卷 615 份。无效问卷判定的主要根据为：项目填写有较多的缺省；项目填写有极端性；有明显的矛盾性；答案雷同问卷。筛选出 SSP 战略问卷 317 份，SSC 战略问卷 208 份，所有问卷共计 525 份。

考虑到问卷数据的真实性和有效性是进一步统计分析的前提与基础。问卷的发放对象、发放区域、发放渠道决定着数据的有效性。首先本书的实证研究问题是 IT 能力对制造企业服务创新绩效的影响，因而要以制造企业为具体的研究对象，而制造业所覆盖的范围非常广泛，本书尽可能多地选择不同类型的制造企业开展问卷调研以扩大调研问卷的发放对象，其次，在确定样本范围后，问卷采用三种方式发放和回收，一部分问卷以电子邮件方式发放和回收，另一部分是以邮件方式发放，而以纸质方式回收，还有一部分问卷的发放和回收都采用纸质的方式。

在收集正式问卷时，首先，一方面以电子邮件或邮寄纸质问卷的方式传递问卷，并与信息人进行深入沟通，使信息人对问卷内容充分理解，另一方面则确定能够收集的制造企业名录和各拟选企业中合适的答卷者；其次，由信息人代理问卷编制人发放问卷，并敦促相关人员完整填写调查问卷，如果有填写人不理解之处则可直接与问卷编制人联系以对题项进行解读，在承诺对问卷数据绝对保密的前提下，鼓励答卷者提供确切的答案；最后，回收问卷，同样采用邮寄纸质问卷和电子邮件传递两种方式来进行，并对回收的问卷进行编码以备后续的统计分析，将两种回收方式反馈回来的问卷都进行电子化记录，形成 SPSS 中的数据格式录入在电子文档中以备后期进行统计分析。

5.3　回收样本的描述性统计分析

本书对收集到的 525 份有效问卷进行描述性统计分析，对企业所处的制造业分类、所有制类别、员工人数、企业设立时间、资产总额、上年度销售总额、市场占有率等信息进行统计性描述。以说明各变量的频数和百分比等，具体情况见表 5-4 和表 5-5。

表 5-4　企业信息分布统计表（$n=525$）

	测量指标类别	样本数	所占的比例（%）
公司所处的制造业分类	A. 装备制造业	186	35.43
	B. 汽车制造业	38	7.24
	C. 纺织或服装制造业	19	3.62
	D. 食品、饮料、茶或烟草制造业	16	3.05
	E. 家具或文具制造业	14	2.67
	F. 金属或矿物制品加工业	24	4.57
	G. 橡胶、塑料、化纤制造业	20	3.81
	H. 医药制造业	14	2.67
	I. 石油或化工制造业	53	10.10
	J. 计算机、通信、仪表或电子设备制造业	123	23.43
	K. 其他制造业	18	3.43
企业的所有制类别	国有企业	70	13.33
	三资企业	32	6.10
	合伙企业	6	1.14
	有限责任公司	237	45.14
	有限股份公司	171	32.57
	个人企业	9	1.71
企业的员工人数	50 人以下	26	4.95
	50～100 人	48	9.14

续表

测量指标类别		样本数	所占的比例（%）
企业的员工人数	100～300 人	67	12.76
	300～1000 人	149	28.38
	1000～2000 人	74	14.09
	2000～5000 人	59	11.24
	5000 人以上	102	19.44
企业设立的时间	5 年以下	25	4.76
	5～10 年	51	9.72
	10～15 年	84	16.00
	15～20 年	105	20.00
	20 年以上	260	49.52
企业的资产总额	500 万元以下	14	2.67
	500 万～1000 万元	18	3.43
	1000 万～5000 万元	83	15.81
	5000 万～1 亿元	123	23.43
	1 亿～4 亿元	89	16.95
	4 亿～10 亿元	49	9.33
	10 亿元以上	149	28.38
上一年度的销售总额	500 万元以下	18	3.42
	500 万～1000 万元	47	8.95
	1000 万～5000 万元	53	10.09
	5000 万～1 亿元	145	27.63
	1 亿～4 亿元	95	18.09
	4 亿～10 亿元	59	11.25
	10 亿元以上	108	20.57
产品在所属行业的市场占有率	高	257	48.95
	中	149	28.38
	低	119	22.67
服务化战略	产品为中心的服务化战略	317	60.38
	客户为中心的服务化战略	208	39.62

注：由于四舍五八，所占比例加和可能不等于 100。

描述性统计分析主要是对样本企业基本资料的统计分析，说明各变量的均值、标准差等，以对样本的类别、特性和比例分配状况进行描述。样本企业中各变量的均值、标准差等描述性统计分析结果见表 5-5。

表 5-5　变量题项的描述性统计（$n=525$）

问题项	均值	标准差	问题项	均值	标准差
IT 基础设施 1	4.22	1.105	市场绩效 3	3.79	1.146
IT 基础设施 2	3.67	1.123	市场绩效 4	3.91	1.197
IT 基础设施 3	3.80	1.224	顾客吸引绩效 1	3.15	1.069
IT 基础设施 4	3.18	1.292	顾客吸引绩效 2	3.14	1.031
IT 基础设施 5	3.69	1.180	顾客吸引绩效 3	3.21	0.986
IT 人力资源 1	3.10	1.054	顾客吸引绩效 4	3.43	1.001
IT 人力资源 2	3.02	1.027	服务研发绩效 1	3.54	1.065
IT 人力资源 3	3.35	1.018	服务研发绩效 2	3.53	1.020
IT 人力资源 4	3.15	0.997	服务研发绩效 3	3.43	0.939
IT 人力资源 5	3.12	1.004	服务研发绩效 4	3.50	1.024
IT 人力资源 6	2.73	1.081	探索性学习 1	3.80	0.863
IT 协同资源 1	3.50	1.024	探索性学习 2	3.78	0.875
IT 协同资源 2	3.15	1.069	探索性学习 3	3.81	0.889
IT 协同资源 3	3.80	0.863	探索性学习 4	3.51	0.950
IT 协同资源 4	3.78	0.875	应用性学习 1	3.15	0.997
IT 协同资源 5	3.81	0.889	应用性学习 2	3.12	1.004
IT 协同资源 6	3.51	0.950	应用性学习 3	2.73	1.081
市场绩效 1	3.90	1.186	应用性学习 4	2.54	1.092
市场绩效 2	3.28	1.269	应用性学习 5	2.58	1.102

注：简便起见，表中对各题项的名称采用简称。

5.4　数据的信度和效度检验

为了进一步验证本书构念及变量测度的信度、效度，通过 SPSS20.0 和 AMOS20 对数据进行信度和效度分析。

5.4.1　模型中各变量的相关分析

为了探讨模型中变量之间的关系，需要在一阶因子之间进行相关分析。本书运用 Pearson 相关系数对一阶因子进行分析,并用数据来阐明一阶因子变量之间的相关状况和显著性水平,见表 5-6。

表 5-6 中的数据表明了各独立变量的相关系数,绝大部分在 0.50 左右,说明各变量的一阶因子不存在明显的共线性问题,即说明一个变量能被其他变量解释的部分不多,因此可以进行后续的结构方程模型分析,以研究在多变量同时存在的模型中,各变量之间的因果关系和影响程度。

表 5-6 一阶因子 Pearson 相关分析

变量	IT 基础设施	IT 人力资源	IT 协同资源	市场绩效	顾客吸引绩效	服务研发绩效	探索性学习	应用性学习
IT 基础设施	1							
IT 人力资源	0.469**	1						
IT 协同资源	0.481**	0.459**	1					
市场绩效	0.538**	0.475**	0.553**	1				
顾客吸引绩效	0.450**	0.518**	0.536**	0.488**	1			
服务研发绩效	0.512**	0.524**	0.521**	0.482**	0.513**	1		
探索性学习	0.527**	0.553**	0.498**	0.539**	0.620**	0.467**	1	
应用性学习	0.594**	0.526**	0.468**	0.516**	0.548**	0.502**	0.372**	1

** 表示在 0.01 水平(双侧)上显著相关,样本量 $n=525$。

5.4.2 模型中各量表的信度检验

对信度及效度的检验是实证研究过程中的重要环节,只有满足信度和效度要求的实证研究结果才具有说服力(李怀祖,2004)。

信度是指测量结果或数据的一致性或者稳定性的程度,一致性主要反映测验的内部题目之间的关系,并进一步验证测验的各个题目能不能测量相同的内容或者特质,而稳定性则指的是用一种测量工具(譬如同样的一份调查问卷)对相同的受试者进行不同时间内的重复测量结果间的可靠系数。问卷的信度反映了问卷测度所得结果的内部一致性,考察了问卷测度的可靠性,如果信度比较高,那么就意味着模型中排除随机误差的能力比较强。

本书运用能够反映内部一致性的指标即 Cronbach's α 值来对数据的信度进行测量,α 值越大,表示量表的内部一致性越高。一般情况下,Cronbach's α 值的评判标准见表 5-7(吴明隆,2009)。

表 5-7　Cronbach's α 值的评判标准

Cronbach's α 值	信度评价
0.8 以上	非常好
0.7~0.8	比较好
0.6~0.7	尚可接受
0.5~0.6	最好不用
0.5 以下	需要重新修改

1. IT 能力量表的信度检验

本书中 IT 能力的信度分析结果见表 5-8，各检验指标全部都符合题项——总体相关系数都大于 0.35。其中，IT 基础设施量表的 Cronbach's α 值为 0.827，IT 人力资源量表的 Cronbach's α 值为 0.929，IT 协同资源量表的 Cronbach's α 值为 0.892，均大于 0.8，说明变量测度的信度非常好。

表 5-8　IT 能力量表的信度检验（$n=525$）

变量名称	题项	均值	标准差	校正的项总计相关度	删除该题项后分量表的 α 系数	分量表 Cronbach's α
IT 基础设施	IT 基础设施 1	4.22	1.105	0.459	0.891	0.827
	IT 基础设施 2	3.67	1.123	0.519	0.890	
	IT 基础设施 3	3.80	1.224	0.619	0.872	
	IT 基础设施 4	3.18	1.292	0.634	0.889	
	IT 基础设施 5	3.69	1.180	0.569	0.893	
IT 人力资源	IT 人力资源 1	3.10	1.054	0.630	0.883	0.929
	IT 人力资源 2	3.02	1.027	0.621	0.976	
	IT 人力资源 3	3.35	1.018	0.655	0.884	
	IT 人力资源 4	3.15	0.997	0.687	0.891	
	IT 人力资源 5	3.12	1.004	0.647	0.853	
	IT 人力资源 6	2.73	1.081	0.646	0.877	
IT 协同资源	IT 协同资源 1	3.50	1.024	0.700	0.885	0.892
	IT 协同资源 2	3.15	1.069	0.718	0.892	
	IT 协同资源 3	3.80	0.863	0.594	0.882	
	IT 协同资源 4	3.78	0.875	0.640	0.959	
	IT 协同资源 5	3.81	0.889	0.540	0.874	
	IT 协同资源 6	3.51	0.950	0.717	0.869	

2. 组织学习量表的信度检验

本书对组织学习量表的信度分析结果见表 5-9，从表中可见，各检验指标均符合题项——总体相关系数都高于 0.35，其中，探索性学习量表的 Cronbach's α 值为0.915，应用性学习量表的 Cronbach's α 值为 0.913，均大于 0.9，说明变量测度的信度非常好。

3. 服务创新绩效量表的信度检验

本书对服务创新绩效信度的分析结果见表 5-10，各项检验指标均完全符合题项——总体相关系数都高于 0.35，其中，市场绩效量表的 Cronbach's α 值为 0.879，顾客吸引绩效量表的 Cronbach's α 值为 0.865，IT 协同资源量表的 Cronbach's α 值为 0.908，均大于 0.8，说明变量测度的信度非常好。

表 5-9 服务创新绩效量表的信度检验（$n=525$）

变量名称	题项	均值	标准差	校正的项总计相关度	删除该题项后分量表的 α 系数	Cronbach's α 系数
市场绩效	市场绩效 1	3.67	1.048	0.417	0.852	0.879
	市场绩效 2	3.59	1.117	0.551	0.971	
	市场绩效 3	3.89	0.996	0.449	0.895	
	市场绩效 4	3.87	1.069	0.504	0.886	
顾客吸引绩效	顾客吸引绩效 1	3.15	1.069	0.718	0.927	0.865
	顾客吸引绩效 2	3.14	1.031	0.573	0.913	
	顾客吸引绩效 3	3.21	0.986	0.627	0.928	
	顾客吸引绩效 4	3.43	1.001	0.557	0.915	
服务研发绩效	服务研发绩效 1	3.54	1.065	0.682	0.873	0.908
	服务研发绩效 2	3.53	1.020	0.711	0.891	
	服务研发绩效 3	3.43	0.939	0.714	0.885	
	服务研发绩效 4	3.50	1.024	0.700	0.862	

表 5-10 组织学习量表的信度检验（$n=525$）

变量名称	题项	均值	标准差	校正的项总计相关度	删除该题项后分量表的 α 系数	Cronbach's α 系数
探索性学习	探索性学习 1	3.80	0.863	0.594	0.882	0.915
	探索性学习 2	3.78	0.875	0.640	0.859	
	探索性学习 3	3.81	0.889	0.540	0.874	
	探索性学习 4	3.51	0.950	0.717	0.881	

续表

变量 名称	题项	均值	标准差	校正的项总 计相关度	删除该题项后分 量表的 α 系数	Cronbach's α 系数
应用性 学习	应用性学习 1	3.15	0.997	0.687	0.894	0.913
	应用性学习 2	3.12	1.004	0.647	0.874	
	应用性学习 3	2.73	1.081	0.646	0.865	
	应用性学习 4	2.54	1.092	0.529	0.873	
	应用性学习 5	2.58	1.102	0.607	0.886	

5.4.3 模型中各量表的效度检验——验证性因子分析

本书采用 AMOS20 这一统计软件作为分析工具，对问卷调查的数据进行验证性因子分析，分别对 IT 能力、服务创新绩效、组织学习各自模型的拟合程度、各构面之间的区别效度、构面的收敛效度进行了检验。

在实证研究中，区别效度用于检验变量的各个构面所代表的潜在特质和其他构面所代表的潜在特质之间是否相关或者是否存在显著差异。在 AMOS20 软件中，求解两个构面之间区别效度的方法是运用单群组以生成未限制模型和限制模型这两个模型，其中，在未限制模型中对潜在构面之间的共变关系不予限制，共变参数是自由估计参数；而在限制模型中，需要将潜在构面之间的共变关系限制为 1，同时共变参数是固定参数，然后对两个模型的卡方值差异进行比较，如果卡方值的差异量越大，而且达到了显著性水平，那么就表明未限制模型和限制模型之间具有显著差异，模型的区别效度就越高。

收敛效度则指的是测量相同潜在特质的题项或者测验落在同样的因素构面上，而且题项或者测验之间所测得的测量值之间具有高度的相关性。

在评价指标上，依据 AMOS20 软件所提供的功能以及指标的具体含义，根据在现有实证研究中应用较多的拟合指标来选取部分用来评价结构方程模型拟合度的主要测量指标，见表 5-11。

表 5-11 模型拟合度指标

拟合指标	指标的参考值
卡方自由度比值 χ^2/df	在 2~5，模型可以接受，越是接近于 2，表明整体拟合效果越好
P	大于 0.05 表示观测数据与模型之间不存在显著差异
拟合优度指标 GFI	在 0~1，大于 0.8 可以接受，大于 0.9 拟合较好

续表

拟合指标	指标的参考值
调整的拟合优度指标 AGFI	在 0~1，大于 0.8 可以接受，大于 0.9 拟合较好
近似误差均方根 RMSEA	小于 0.1 表示好的拟合；低于 0.05 表示拟合效果非常好
比较拟合指数 CFI	在 0~1，大于 0.8 表示模型拟合效果较好
标准拟合指数 NFI	大于 0.9 表示数据与模型拟合较好
非范拟合指数 NNFI	大于 0.8 表示模型拟合效果较好，大于 0.9 表示模型拟合效果非常好

1. IT 能力测量模型的效度检验

（1）IT 能力测量模型各构面的区别效度

在 IT 能力测量模型中包括 IT 基础设施、IT 人力资源和 IT 协同资源三个构面，因此要分析 "IT 基础设施-IT 人力资源" "IT 基础设施-IT 协同资源" "IT 人力资源-IT 协同资源" 三组构面的区别效度。IT 基础设施构面的测量题项有 5 个，分别简称为 IT 基础设施 1、IT 基础设施 2、IT 基础设施 3、IT 基础设施 4 和 IT 基础设施 5；IT 人力资源构面的测量题项有 6 个，分别简称为 IT 人力资源 1、IT 人力资源 2、IT 人力资源 3、IT 人力资源 4、IT 人力资源 5 和 IT 人力资源 6；IT 协同资源构面的测量题项有 6 个，分别简称为 IT 协同资源 1、IT 协同资源 2、IT 协同资源 3、IT 协同资源 4、IT 协同资源 5 和 IT 协同资源 6。

a. "IT 基础设施-IT 人力资源" 构念的区别效度

"IT 基础设施-IT 人力资源" 构念的区别效度假设模型如图 5-2 所示，将 C 作为两个潜在构念间的共变参数标签。

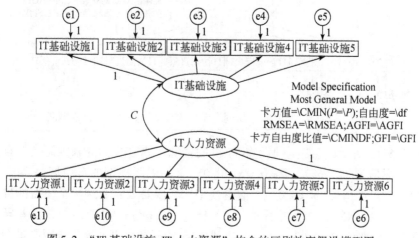

图 5-2 "IT 基础设施-IT 人力资源" 构念的区别效度假设模型图

如表5-12所示，"IT 基础设施-IT 人力资源"潜在构面的未限制模型的自由度是43，卡方值等于198.461（$P=0.000<0.05$），限制模型的自由度是44，卡方值等于279.101（$P=0.000<0.05$），嵌套模型的比较摘要表显示：两个模型的自由度差异为1（$=44-43$），卡方差异值$=279.101-198.461=80.64$，卡方值差异量显著性检验的概率值$P=0.000<0.05$，达到了0.05的显著水平，从而表示未限制模型与限制模型这两个测量模型明显不同，未限制模型与限制模型相比，其卡方值显著较小，这表明"IT 基础设施-IT 人力资源"这两个潜在构面之间的区别效度好。

表5-12 "IT 基础设施-IT 人力资源"概念的区别效度参数对比表

模型	共变参数 C	df	χ^2	χ^2/df	GFI	AGFI	P
未限制模型		43	198.461	4.615	0.872	0.803	0.000
限制模型	$C=1$	44	279.101	6.343	0.833	0.750	0.000

b. "IT 基础设施-IT 协同资源"概念的区别效度

"IT 基础设施-IT 协同资源"概念的区别效度假设模型图如图5-3所示，两个潜在构念间的共变参数标签名称为 C。

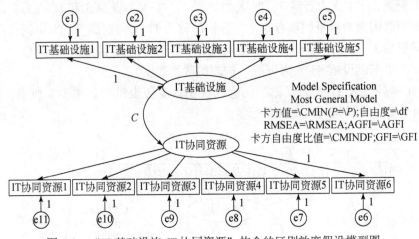

图5-3 "IT 基础设施-IT 协同资源"概念的区别效度假设模型图

如表5-13所示，"IT 基础设施-IT 协同资源"潜在构面的未限制模型自由度是43，卡方值为129.683（$P=0.000<0.05$），而限制模型的自由度是44，卡方值为217.153（$P=0.000<0.05$），嵌套模型比较摘要表表明这两个模型的自由度差异为1（$=44-43$），卡方差异值$=217.153-129.683=87.47$，卡方值差异量显著性检验的概率值$P=0.000<0.05$，达到0.05的显著水平，表示未限制模型和限

制模型这两个测量模型之间显著不同,未限制模型与限制模型相比,其卡方值明显较小,表明"IT 基础设施-IT 协同资源"这两个潜在构面之间的区别效度佳。

表 5-13 "IT 基础设施-IT 协同资源"构念的区别效度参数对比表

模型	共变参数 C	df	χ^2	χ^2/df	GFI	AGFI	P
未限制模型		43	129.683	3.016	0.903	0.851	0.000
限制模型	C=1	44	217.153	4.935	0.863	0.795	0.000

c. "IT 人力资源-IT 协同资源"构念的区别效度

"IT 人力资源-IT 协同资源"构念的区别效度假设模型图如图 5-4 所示,两个潜在构念间的共变参数标签名称为 C。

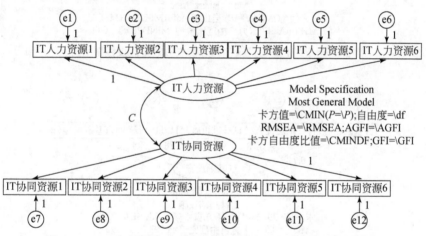

图 5-4 "IT 人力资源-IT 协同资源"构念的区别效度假设模型图

如表 5-14 所示,"IT 人力资源-IT 协同资源"潜在构面的未限制模型自由度是 53,卡方值为 242.960（$P=0.000<0.05$）,而限制模型的自由度是 54,卡方值为 298.716（$P=0.000<0.05$）,嵌套模型比较摘要表表明这两个模型的自由度差异为 1（=54−53）,卡方差异值=298.716−242.960=55.756,卡方值差异量显著性检验的概率值 $P=0.000<0.05$,达到 0.05 的显著水平,表明未限制模型和限制模型之间显著不同,未限制模型与限制模型相比,其卡方值显著较小,表明"IT 人力资源-IT 协同资源"两个潜在构面之间的区别效度佳。

表 5-14 "IT 人力资源-IT 协同资源"构念的区别效度参数对比表

模型	共变参数 C	df	χ^2	χ^2/df	GFI	AGFI	P
未限制模型		53	242.960	4.485	0.921	0.897	0.000
限制模型	C=1	54	298.716	5.532	0.906	0.885	0.000

（2）IT 能力测量模型的收敛效度检验

a. "IT 基础设施"测量模型的收敛效度检验

图 5-5 ~ 图 5-7 分别为"IT 基础设施"构念的收敛效度假设模型、估计显示和修正后的估计图。

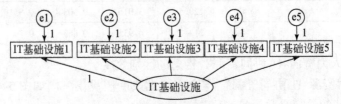

Model Specification
Most General Model
卡方值=\CMIN(P=\P);自由度=\df;RMSEA=\RMSEA
AGFI=\AGFI;卡方自由度比值=\CMINDF;GFI=\GFI

图 5-5　"IT 基础设施"构念的收敛效度假设模型图

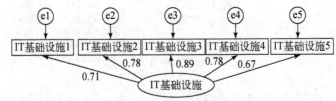

Standardized estimates
IT基础设施
卡方值=29.966(P=0.000);自由度=5;RMSEA=0.146
AGFI=0.852;卡方自由度比值=5.993;GFI=0.951

图 5-6　"IT 基础设施"构念的收敛效度估计显示图

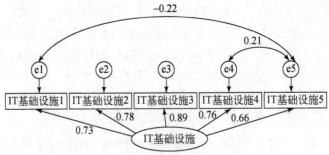

Standardized estimates
IT基础设施
卡方值=10.084(P=0.018);自由度=3;RMSEA=0.101
AGFI=0.916;卡方自由度比值=3.361;GFI=0.983

图 5-7　修正后的"IT 基础设施"构念的收敛效度估计图

如表 5-15 所示，在 IT 基础设施的测量模型中，初始假定误差项之间互相独立，模型检验结果表明，5 个测量指标 λ 值的 C. R. 值均大于 1.96，表明 5 个测量指标参数都达到了 0.05 的显著水平，其余待估计的自由参数也达到 0.05 的显著水平。整体模型的自由度等于 5，卡方自由度比值为 5.993，大于 3.000，RMSEA 值为 0.146，比较接近 0.080，AGFI 值等于 0.852，小于 0.900，GFI 值等于 0.951，大于 0.900，部分指标达到了适配模型标准，但还有部分指标不太理想，依据修正指标对模型进行修正，即采用逐一增列测量指标误差项间共变关系的方法来修正，最后呈现的模型中没有修正指标值大于 4.00 者，模型结果显示单一构面的测量模型和样本数据能够契合，卡方自由度比值为 3.361，大于 3.000，但非常接近，RMSEA 值为 0.101，更接近 0.080，AGFI 值为 0.916，大于 0.900，GFI 值为 0.983，大于 0.900，这些指标表明，修正后的 "IT 基础设施" 测量模型的收敛效度佳。

表 5-15　"IT 基础设施" 构念的收敛效度参数对比表

估计参数	χ^2/df	AGFI	GFI	RMSEA	P
适配标准	3.000	0.900	0.900	0.080	0.05
模型指标	5.993	0.852	0.951	0.146	0.000
修正模型	3.361	0.916	0.983	0.101	0.018

b. "IT 人力资源" 测量模型的收敛效度检验

在 "IT 人力资源" 测量模型的初始模型（图 5-8）中，假定所有误差项之间相互独立，6 个测量指标误差项间都没有相关关系，模型检验结果表明 6 个测量指标 λ 值的 C. R. 值均大于 1.96，表示 6 个测量指标参数都达到了 0.05 的显著水平，整体模型的自由度等于 9，卡方自由度比值为 10.469，大于 3.000，RMSEA 值为 0.202，大于 0.080，AGFI 值为 0.699，小于 0.900，GFI 值为 0.871，小于 0.900，大部分测量指标都没有达到模型适配标准，因而无法支持误差项之间相互独立的测量模型这一假设。

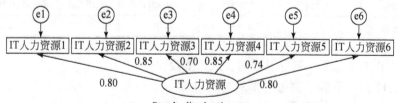

Standardized estimates
IT人力资源
卡方值=94.225(P=0.000);自由度=9;RMSEA=0.202
AGFI=0.699;卡方自由度比值=10.469;GFI=0.871

图 5-8　"IT 人力资源" 构念的收敛效度估计图

在"IT 人力资源"测量模型的修正模型（图 5-9）中，假定误差项之间不是相互独立，6 个测量指标误差项之间也许会存在某种程度的相关关系，依据修正指标，逐一增列测量指标误差项之间的共变关系，最后呈现的模型中没有修正指标值大于 4.00 者。模型检验结果表明，6 个测量指标 λ 值的 C. R. 值均大于 1.96，表示 6 个测量指标参数均达到 0.05 的显著水平，其余待估计的自由参数也达到了 0.05 的显著水平。整体模型的自由度等于 4，卡方自由度比值等于 2.239，小于 3.000，RMSEA 值等于 0.037，小于 0.080，AGFI 值等于 0.933，大于 0.900，GFI 值等于 0.987，大于 0.900，这些指标都达到了适配模型的标准，表示修正的单一构面的测量模型与样本数据之间能够契合，因此，修正后的"IT 人力资源"测量模型的收敛效度佳（表 5-16）。

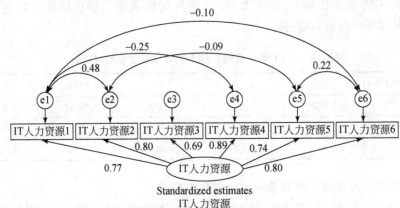

图 5-9　修正后的"IT 人力资源"构念的收敛效度估计图

表 5-16　"IT 人力资源"构念的收敛效度参数对比表

估计参数	χ^2/df	AGFI	GFI	RMSEA	P
适配标准	3.000	0.900	0.900	0.080	0.05
模型指标	10.469	0.699	0.871	0.202	0.000
修正模型	2.239	0.933	0.987	0.073	0.062

c. "IT 协同资源"测量模型的收敛效度检验

在"IT 协同资源"测量模型的初始模型（图 5-10）中，我们假定所有误差项之间相互独立，6 个测量指标误差项之间均没有相关性，模型检验结果显示 6 个测量指标 λ 值的 C. R. 值均大于 1.96，表明 6 个测量指标参数都达到了 0.05 的显著水平，整体模型的自由度等于 9，卡方自由度比值等于 6.827，大于

3.000，RMSEA 值等于 0.158，小于 0.080，AGFI 值等于 0.782，小于 0.900，GFI 值等于 0.907，大于 0.900，大部分的测量指标都没有达到模型适配标准，因而无法支持误差项之间相互独立的测量模型假设。

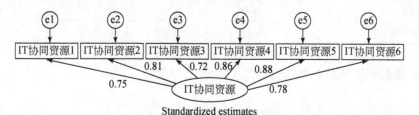

卡方值=61.445(P=0.000);自由度=9;RMSEA=0.158
AGFI=0.782;卡方自由度比值=6.827;GFI=0.907

图 5-10　"IT 协同资源"构念的收敛效度估计显示图

在"IT 协同资源"测量模型的修正模型（图 5-11）中，假定误差项之间不是相互独立，6 个测量指标误差项之间可能有某种程度的关系，依据修正指标，逐一增列测量指标误差项间的共变关系，最后呈现的模型中没有修正指标值大于 4.000。模型检验结果显示，6 个测量指标 λ 值的 C. R. 值均大于 1.96，表示 6 个测量指标参数均达到了 0.05 的显著水平，其余待估计的自由参数也达到了 0.05 显著水平。整体模型的自由度等于 5，卡方自由度比值等于 2.980，小于 3.000，RMSEA 值等于 0.092，大于 0.080，AGFI 值等于 0.909，大于 0.900，GFI 值等于 0.978，大于 0.900，都达到了适配模型标准，表明修正的单一构面的测量模型与样本数据能够契合，修正后的"IT 协同资源"测量模型的收敛效度佳（表 5-17）。

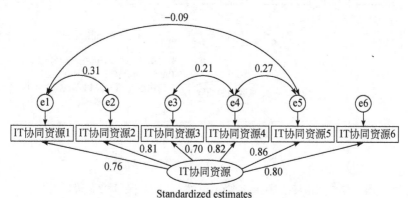

卡方值=14.900(P=0.011);自由度=5;RMSEA=0.092
AGFI=0.909;卡方自由度比值=2.980;GFI=0.978

图 5-11　修正后的"IT 协同资源"构念的收敛效度估计图

115

表 5-17　"IT 协同资源"构念的收敛效度参数对比表

估计参数	χ^2/df	AGFI	GFI	RMSEA	P
适配标准	3.000	0.900	0.900	0.080	0.05
模型指标	6.827	0.782	0.907	0.158	0.000
修正模型	2.980	0.909	0.978	0.092	0.011

2. 服务创新绩效测量模型的效度检验

（1）服务创新绩效测量模型各构面的区别效度

在服务创新绩效测量模型中包括市场绩效、顾客吸引绩效和服务研发绩效三个构面，因此要分析"市场绩效-顾客吸引绩效"、"市场绩效-服务研发绩效"以及"顾客吸引绩效-服务研发绩效"三组构面的区别效度。市场绩效构面的测量题项有 4 个，分别简称为市场绩效 1、市场绩效 2、市场绩效 3 和市场绩效 4；顾客吸引绩效构面的测量题项有 4 个，分别简称为顾客吸引绩效 1、顾客吸引绩效 2、顾客吸引绩效 3 和顾客吸引绩效 4；服务研发绩效构面的测量题项有 4 个，分别简称为服务研发绩效 1、服务研发绩效 2、服务研发绩效 3 和服务研发绩效 4。

a. "市场绩效-顾客吸引绩效"构念的区别效度

"市场绩效-顾客吸引绩效"构念的区别效度假设模型如图 5-12 所示，两个潜在构念之间的共变参数标签名称为 C。

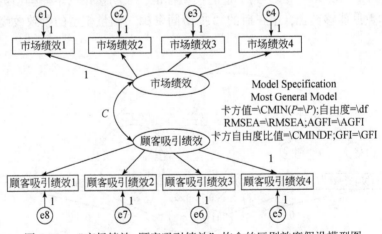

图 5-12　"市场绩效-顾客吸引绩效"构念的区别效度假设模型图

"市场绩效-顾客吸引绩效"潜在构面的未限制模型自由度为 19，卡方值等于 31.620（$P = 0.034 < 0.05$），限制模型的自由度为 20，卡方值等于 126.993

（$P=0.000<0.05$），嵌套模型比较摘要表显示：两个模型的自由度差异为 1 （ = 20-19），卡方差异值=126.993-31.620=95.373，卡方值差异量显著性检验的概率值 $P=0.000<0.05$，达到 0.05 的显著水平，表示未限制模型与限制模型存在显著不同，未限制模型与限制模型相比，其卡方值明显较小，这表明"市场绩效-顾客吸引绩效"这两个潜在构面之间的区别效度佳（表 5-18）。

表 5-18 "市场绩效-顾客吸引绩效"构念的区别效度参数对比表

模型	共变参数 C	df	χ^2	χ^2/df	GFI	AGFI	P
未限制模型		19	31.620	1.664	0.967	0.938	0.034
限制模型	$C=1$	20	126.993	6.350	0.906	0.830	0.000

b. "市场绩效-服务研发绩效"构念的区别效度

"市场绩效-服务研发绩效"构念的区别效度假设模型如图 5-13 所示，两个潜在构念之间的共变参数标签名称为 C。

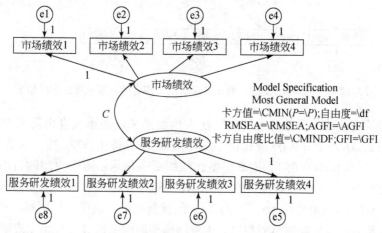

图 5-13 "市场绩效-服务研发绩效"构念的区别效度假设模型图

"市场绩效-服务研发绩效"潜在构面的未限制模型自由度为 19，卡方值等于 32.656 （$P=0.026<0.05$），限制模型的自由度为 20，卡方值等于 115.060 （$P=0.000<0.05$），嵌套模型比较摘要表显示：两个模型的自由度差异为 1 （ = 20-19），卡方差异值=115.060-32.656=82.404，卡方值差异量显著性检验的概率值 $P=0.000<0.05$，达到 0.05 的显著水平，表示未限制模型与限制模型存在显著不同，与限制模型相比，未限制模型的卡方值显著较小，这表明"市场绩效-服务研发绩效"这两个潜在构面之间的区别效度佳（表 5-19）。

表 5-19　"市场绩效–服务研发绩效" 构念的区别效度参数对比表

模型	共变参数 C	df	χ^2	χ^2/df	GFI	AGFI	P
未限制模型		19	32.656	1.719	0.966	0.936	0.026
限制模型	$C=1$	20	115.060	5.753	0.914	0.845	0.000

c. "顾客吸引绩效–服务研发绩效" 构念的区别效度

"顾客吸引绩效–服务研发绩效" 构念的区别效度假设模型如图 5-14 所示，两个潜在构念之间的共变参数标签名称为 C。

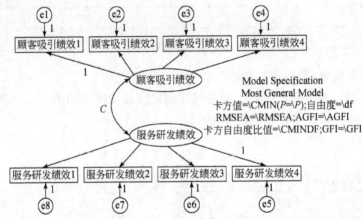

图 5-14　"顾客吸引绩效–服务研发绩效" 构念的区别效度假设模型图

"顾客吸引绩效–服务研发绩效" 潜在构面的未限制模型自由度为 19，卡方值等于 102.607（$P=0.000<0.05$），限制模型的自由度为 20，卡方值等于 132.548（$P=0.000<0.05$），嵌套模型比较摘要表显示：两个模型的自由度差异为 1（$=20-19$），卡方差异值 $=132.548-102.607=29.941$，卡方值差异量显著性检验的概率值 $P=0.000<0.05$，达到 0.05 的显著水平，表明未限制模型和限制模型存在显著不同，与限制模型相比，未限制模型的卡方值显著较小，表明 "顾客吸引绩效–服务研发绩效" 这两个潜在构面之间的区别效度佳（表 5-20）。

表 5-20　"顾客吸引绩效–服务研发绩效" 构念的区别效度参数对比表

模型	共变参数 C	df	χ^2	χ^2/df	GFI	AGFI	P
未限制模型		19	102.607	5.400	0.901	0.812	0.000
限制模型	$C=1$	20	132.548	6.627	0.869	0.765	0.000

（2）"服务创新绩效" 测量模型的收敛效度检验

a. "市场绩效" 构念测量模型的收敛效度检验

在 "市场绩效" 测量的初始模型（图 5-15）中，假定所有误差项之间相互独立，4个测量指标误差项之间都没有相关性，模型检验结果显示4个测量指标λ值的 C. R. 值均大于1.96，表示4个测量指标参数都达到了0.05的显著水平，整体模型的自由度等于2，卡方自由度比值等于4.990，大于3.000，RMSEA 值等于0.131，大于0.080，AGFI 值恰好等于0.900，GFI 值等于0.980，大于0.900，部分指标没有达到模型适配标准，因而误差项之间相互独立的测量模型无法获得支持。

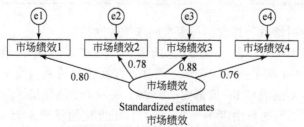

Standardized estimates
市场绩效
卡方值=9.979(*P*=0.007);自由度=2;RMSEA=0.131
AGFI=0.900;卡方自由度比值=4.990;GFI=0.980

图 5-15 "市场绩效"构念的收敛效度估计显示图

在"市场绩效"测量模型的修正模型（图 5-16）中，假定误差项之间不是相互独立的，4个测量指标误差项之间也许有某种程度的相关性，依据修正指标，逐一增列测量指标误差项之间的共变关系，最后呈现的模型中没有修正指标值大于4.000。模型检验结果显示，4个测量指标λ值的 C. R. 值均大于1.96，表示4个测量指标参数均达到0.05显著水平，其余待估计的自由参数也达到了0.05的显著水平。整体模型的自由度等于1，卡方自由度比值等于1.068，小于3.000，RMSEA 值等于0.017，小于0.080，AGFI 值等于0.977，大于0.900，GFI 值等于0.998，大于0.900，所有的测量指标都达到了适配模型标准，这表示修正的单一构面测量模型与样本数据之间能够契合，修正后的"市场绩效"测量模型收敛效度好（表5-21）。

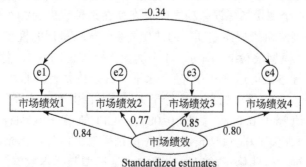

Standardized estimates
市场绩效
卡方值=1.068(*P*=0.301);自由度=1;RMSEA=0.017
AGFI=0.977;卡方自由度比值=1.068;GFI=0.998

图 5-16 修正后的"市场绩效"构念的收敛效度估计图

表 5-21　"市场绩效"构念的收敛效度参数对比表

估计参数	χ^2/df	AGFI	GFI	RMSEA	P
适配标准	3.000	0.900	0.900	0.080	0.05
模型指标	4.990	0.900	0.980	0.131	0.007
修正模型	1.068	0.977	0.998	0.017	0.301

b. "顾客吸引绩效"构念测量模型的收敛效度检验

在"顾客吸引绩效"测量模型的初始模型（图 5-17）中，假定所有误差项之间相互独立，4 个测量指标误差项之间都不存在相关关系，模型的检验结果表明 4 个测量指标 λ 值的 C. R. 值都大于 1.96，表示 4 个测量指标参数均达到 0.05 显著水平，整体模型的自由度等于 2，卡方自由度比值等于 3.752，大于 3.000，RMSEA 值等于 0.109，大于 0.080，AGFI 值等于 0.923，大于 0.900，GFI 值等于 0.985，大于 0.900，部分测量指标没有达到模型适配标准，因而误差项之间相互独立的测量模型无法获得支持。

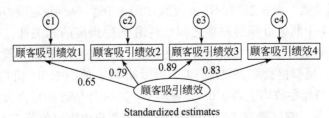

图 5-17　"顾客吸引绩效"构念的收敛效度估计显示图

在"顾客吸引绩效"测量模型的修正模型（图 5-18）中，假定误差项之间不是相互独立，4 个测量指标误差项之间也许存在某种程度的相关关系，依据修正指标，逐一增列测量指标误差项间的共变关系，最后呈现的模型中没有修正指标值大于 4.000。模型检验结果显示，4 个测量指标 λ 值的 C. R. 值均大于 1.96，表示 4 个测量指标参数均达到 0.05 显著水平，其余待估计的自由参数也达到了 0.05 的显著水平。整体模型的自由度等于 1，卡方自由度比值等于 2.791，小于 3.000，RMSEA 值等于 0.088，大于 0.080，AGFI 值等于 0.941，大于 0.900，GFI 值等于 0.994，大于 0.900，除 RMSEA 值稍微偏大以外，其余测量指标都达到了适配模型标准，表明修正的单一构面的测量模型与样本数据之间能够契合，修正后的"顾客吸引绩效"测量模型的收敛效度较好（表 5-22）。

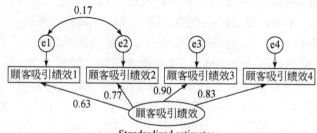

图 5-18　修正后的"顾客吸引绩效"构念的收敛效度估计图

表 5-22　"顾客吸引绩效"构念的收敛效度参数对比表

估计参数	χ^2/df	AGFI	GFI	RMSEA	P
适配标准	3.000	0.900	0.900	0.080	0.05
模型指标	3.752	0.923	0.985	0.109	0.023
修正模型	2.791	0.941	0.994	0.088	0.095

c."服务研发绩效"构念测量模型的收敛效度检验

在"服务研发绩效"测量模型的初始模型（图 5-19）中，假定所有误差项之间相互独立，4 个测量指标误差项之间都不存在相关关系，模型检验结果显示 4 个测量指标 λ 值的 C. R. 值均大于 1.96，表示 4 个测量指标参数均达到 0.05 显著水平，整体模型的自由度等于 2，卡方自由度比值等于 5.215，大于 3.000，RMSEA 值等于 0.135，大于 0.080，AGFI 值等于 0.887，小于 0.900，GFI 值等于 0.977，大于 0.900，部分测量指标没有达到模型的适配标准，因而误差项之间相互独立的测量模型无法获得支持。

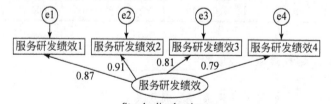

图 5-19　"服务研发绩效"构念的收敛效度估计显示图

在"服务研发绩效"测量模型的修正模型（图 5-20）中，假定误差项之间不是相互独立的，4 个测量指标误差项之间也许具有某种程度的相关关系，依据修正指标，增列测量指标误差项间的共变关系，最后呈现的模型中没有修正指标值大于 4.000。模型的检验结果显示，4 个测量指标 λ 值的 C. R. 值均大于 1.96，表示 4 个测量指标参数都达到了 0.05 的显著水平，其余待估计的自由参数也达到了 0.05 的显著水平。整体模型的自由度等于 1，卡方自由度比值等于 0.614，小于 3.000，RMSEA 值等于 0.000，小于 0.080，AGFI 值等于 0.987，大于 0.900，GFI 值等于 0.999，大于 0.900，都达到了适配模型标准，表明修正的单一构面的测量模型与样本数据之间能够契合，修正后的"服务研发绩效"测量模型的收敛效度较佳（表 5-23）。

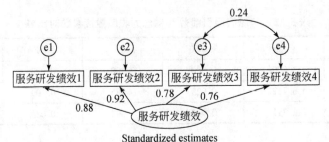

Standardized estimates
服务研发绩效
卡方值=0.614(*P*=0.433);自由度=1;RMSEA=0.000
AGFI=0.987;卡方自由度比值=0.614;GFI=0.999

图 5-20　修正后的"服务研发绩效"构念的收敛效度估计显示图

表 5-23　"服务研发绩效"构念的收敛效度参数对比表

估计参数	χ^2/df	AGFI	GFI	RMSEA	*P*
适配标准	3.000	0.900	0.900	0.080	0.05
模型指标	5.215	0.887	0.977	0.135	0.005
修正模型	0.614	0.987	0.999	0.000	0.433

3. 组织学习测量模型的效度检验

（1）组织学习测量模型各构面的区别效度

在组织学习测量模型中包括探索性学习和应用性学习两个构面。探索性学习构面的测量题项有 4 个，分别简称为探索性学习 1、探索性学习 2、探索性学习 3 和探索性学习 4；应用性学习构面的测量题项有 5 个，分别简称为应用性学习 1、应用性学习 2、应用性学习 3、应用性学习 4 和应用性学习 5。

　　"探索性学习–应用性学习"构念的区别效度假设模型如图 5-21 所示，两个潜在构念之间的共变参数标签名称是 C。图 5-22 为修正后的"探索性学习–应用性学习"构念的估计值。

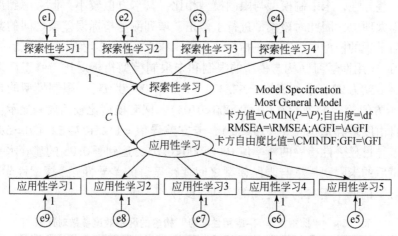

图 5-21　"探索性学习–应用性学习"构念的区别效度假设模型图

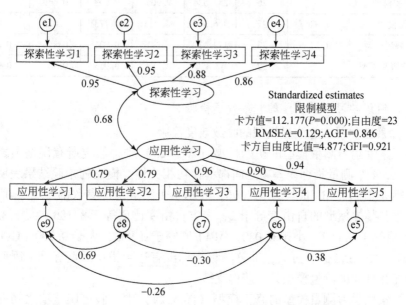

图 5-22　修正后的"探索性学习–应用性学习"构念的估计值图

　　"探索性学习–应用性学习"潜在构面的未限制模型的自由度为 26，卡方值等于 257.534（$P=0.000<0.05$），限制模型的自由度为 27，卡方值等于 316.307

（$P=0.000<0.05$），嵌套模型比较摘要表显示：两个模型的自由度差异为 1
（$=27-26$），卡方差异值$=316.307-257.534=58.733$，卡方值差异量显著性检验
的概率值 $P=0.000<0.05$，达到 0.05 的显著水平，表明未限制模型和限制模型具
有显著的差异性，未限制模型与限制模型相比，其卡方值较小，但考虑到部分测
量指标不太理想，因此对该模型进行了修正，增列测量指标误差项之间的共变关
系，最后呈现的模型中没有修正指标值大于 4.000。表 5-24 列出了修正后的"探
索性学习-应用性学习"概念模型的限制和未限制模型指标对比，修正后未限制
模型的自由度为 22，卡方值等于 52.420（$P=0.000<0.05$），限制模型的自由度
为 23，卡方值等于 112.177（$P=0.000<0.05$），嵌套模型比较摘要表显示：两个
模型的自由度差异值为 1（$=23-22$），卡方差异值 $=112.177-52.420=59.757$，
卡方值差异量显著性检验的概率值 $P=0.000<0.05$，达到了 0.05 的显著水平，这
表明修正后的未限制模型与限制模型之间存在显著的差异性，"探索性学习-应
用性学习"的两个潜在构面之间的区别效度佳。

表 5-24   "探索性学习-应用性学习"概念的区别效度参数对比表

模型	共变参数 C	df	χ^2	χ^2/df	GFI	AGFI	P
未限制模型		26	257.534	9.905	0.808	0.669	0.000
限制模型	$C=1$	27	316.307	11.715	0.773	0.622	0.000
修正+限制模型	$C=1$	23	112.177	4.877	0.921	0.846	0.000
修正+未限制模型		22	52.420	2.383	0.955	0.907	0.000

（2）组织学习测量模型的收敛效度检验

a. 探索性学习构念测量模型的收敛效度检验

在探索性学习测量模型的初始模型（图 5-23）中，假定所有误差项之间都
相互独立，4 个测量指标误差项之间都不存在相关性，模型的检验结果表明 4 个
测量指标 λ 值的 C.R. 值均大于 1.96，表示 4 个测量指标参数都达到了 0.05 的
显著水平，整体模型的自由度等于 2，卡方自由度比值等于 3.186，大于 3.000，
RMSEA 值等于 0.097，小于 0.080，AGFI 值等于 0.933，大于 0.900，GFI 值等
于 0.987，大于 0.900，可见，部分测量指标没有达到模型适配标准，因而误差
项之间相互独立的测量模型无法获得支持。

在探索性学习测量模型的修正模型（图 5-24）中，假定误差项之间并不是
相互独立的，4 个测量指标误差项之间也许存在某种程度的相关关系，依据修正
指标，增列测量指标误差项之间的共变关系，最后呈现的模型中没有修正指标值
大于 4.000。模型的检验结果表明，4 个测量指标 λ 值的 C.R. 值均大于 1.96，
表示 4 个测量指标参数都达到了 0.05 的显著水平，其余待估计的自由参数也达

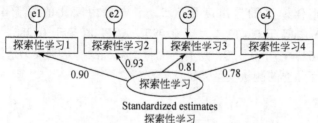

Standardized estimates
探索性学习
卡方值=6.373(P=0.041);自由度=2;RMSEA=0.097
AGFI=0.933;卡方自由度比值=3.186;GFI=0.987

图 5-23　探索性学习构念的收敛效度估计显示图

到了 0.05 的显著水平。整体模型的自由度等于 1，卡方自由度比值等于 0.974，小于 3.000，RMSEA 值等于 0.000，小于 0.080，AGFI 值等于 0.979，大于 0.900，GFI 值等于 0.998，大于 0.900，这些测量指标都达到了适配模型标准，由此可见，表示修正的单一构面的测量模型与样本数据之间能够契合，修正后的"市场绩效"测量模型的收敛效度佳（表 5-25）。

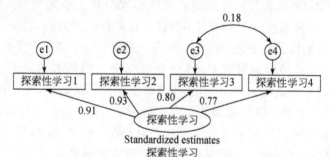

Standardized estimates
探索性学习
卡方值=0.974(P=0.324);自由度=1;RMSEA=0.000
AGFI=0.979;卡方自由度比值=0.974;GFI=0.998

图 5-24　修正后的探索性学习构念的收敛效度估计图

表 5-25　探索性学习构念的收敛效度参数对比表

估计参数	χ^2/df	AGFI	GFI	RMSEA	P
适配标准	3.000	0.900	0.900	0.080	0.05
模型指标	3.186	0.933	0.987	0.097	0.041
修正模型	0.974	0.979	0.998	0.000	0.324

b. 应用性学习构念测量模型的收敛效度检验

在应用性学习测量模型的初始模型（图 5-25）中，假定所有误差项之间相互独立的，5 个测量指标误差项之间都不存在相关关系，模型的检验结果表明 5 个测量指标 λ 值的 C. R. 值均大于 1.96，表示 5 个测量指标参数都达到了 0.05

的显著水平，整体模型的自由度等于 5，卡方自由度比值等于 40.525，大于 3.000，RMSEA 值等于 0.412，大于 0.080，AGFI 值等于 0.286，小于 0.900，GFI 值等于 0.762，小于 0.900，所有的测量指标都没有达到模型适配标准，因而误差项之间相互独立的测量模型无法获得支持。

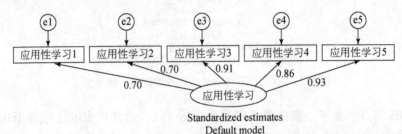

Standardized estimates
Default model
卡方值=202.623(P=0.000);自由度=5;RMSEA=0.412
AGFI=0.286;卡方自由度比值=40.525;GFI=0.762

图 5-25　应用性学习构念的收敛效度估计显示图

在应用性学习测量模型的修正模型（图 5-26）中，假定误差项之间并不是相互独立的，5 个测量指标误差项之间也许存在某种程度的相关关系，依据修正指标，增列测量指标误差项之间的共变关系，最后呈现的模型中没有修正指标值大于 4.000。模型的检验结果表明，5 个测量指标 λ 值的 C. R. 值均大于 1.96，表示 5 个测量指标参数都达到了 0.05 的显著水平，其余待估计的自由参数也达到了 0.05 的显著水平。整体模型的自由度等于 1，卡方自由度比值等于 0.136，小于 3.000，RMSEA 值等于 0.000，小于 0.080，AGFI 值等于 0.997，大于 0.900，GFI 值等于 1.000，大于 0.900，这些测量指标都达到了适配模型标准，由此表明修正的单一构面的测量模型和样本数据之间能够契合，修正后的应用性学习测量模型的收敛效度佳（表 5-26）。

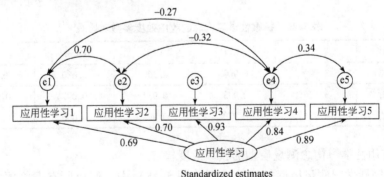

Standardized estimates
Default model
卡方值=0.136(P=0.713);自由度=1;RMSEA=0.000
AGFI=0.997;卡方自由度比值=0.136;GFI=1.000

图 5-26　修正后的应用性学习构念的收敛效度估计显示图

表 5-26 应用性学习构念的收敛效度参数对比表

估计参数	χ^2/df	AGFI	GFI	RMSEA	P
适配标准	3.000	0.900	0.900	0.080	0.05
模型指标	40.525	0.286	0.762	0.412	0.000
修正模型	0.136	0.997	1.000	0.000	0.713

5.5 本 章 小 结

本章验证了第 4 章所提出的概念模型和研究假设，主要内容包括变量的测量、数据的收集以及研究方法的确定。

首先，在变量测量方面，本书主要涉及 IT 能力、组织学习和制造企业服务创新绩效的测量。借鉴已有研究文献中的测量题项并根据典型案例的语干分析来对自变量即 IT 能力、因变量制造企业服务创新绩效、中介变量组织学习中的测量指标，即 IT 基础设施、IT 人力资源、IT 协同资源、市场绩效、顾客吸引绩效、服务研发绩效、探索性学习和应用性学习分别进行操作化定义，使之更符合本书的具体实际，最终问卷包括了 38 个题项，具体问卷见附录。

其次，在样本选择和数据收集方面，由于本书的研究对象为制造企业，所以在样本选择上以各种类型的具有服务导向的制造企业为选择目标，在中国西部、中部和东部大部分地区收集样本企业。在制造企业或具有服务导向的制造企业中发出问卷 1100 份，总共回收样本 731 份，共计收到有效问卷 615 份，筛选出 SSP 战略问卷 317 份，SSC 战略问卷 208 份，所有问卷共计 525 份。在问卷收集之后，对有效问卷进行了描述性统计分析，对企业所处的制造业分类、所有制类别、员工人数、企业设立时间、资产总额、上年度销售总额以及市场占有率各个变量题项进行了描述性统计。

最后，借助 SPSS20.0 和 AMOS20 等分析软件对问卷数据的信度、收敛效度和区别效度进行了分析。在模型拟合度指标方面选择卡方自由度比值 χ^2/df、P 值、模型拟合度指标 GFI、调整的拟合优度指标 AGFI 和近似误差均方根 RMSEA 等指标。计算各分量表的 Cronbach's α 值并对比 0.8 以进行测量量表的信度评价；分别对 IT 能力、制造企业服务创新绩效和组织学习的八个测量构面依据模型拟合度指标，并参考 AMOS20 的修正系数，在同一个变量的测量误差项之间添加相关关系，进行模型修正，最后产生收敛效度佳的测量模型；在同一变量内部的各个测量构面之间对比未限制模型和限制模型的拟合度指标以进行区别效度检验。研究结果表明，各个测量模型的信度、收敛效度和区别效度均较好，达到理想水平。

第 6 章　实证分析检验

本书第 5 章对所涉及变量之间的关系借助探索性案例分析方法进行了理论探讨，分别构建了影响的概念模型、IT 能力对组织学习影响的概念模型、组织学习对制造企业服务创新绩效影响的概念模型、组织学习在 IT 能力和制造企业服务创新绩效关系中发挥的中介作用概念模型，并且提出了相应的理论假设。本章将首先对 IT 能力、组织学习和制造企业服务创新绩效各量表进行验证性因子分析，并进行各测量模型的预测能力检验，然后运用结构方程模型以及回归分析的方法，对概念模型进行实证分析，分别对各个假设进行检验，探析 IT 能力对制造企业服务创新绩效的作用机理。

6.1　IT 能力水平量表检验

6.1.1　IT 能力水平量表的验证性因子分析

本书第 4 章中已经对 IT 能力水平量表的信度和效度进行过分析，结果表明 IT 能力水平量表的信度和效度较高，本节将对 IT 能力水平量表开展验证性因子分析。

首先，对 IT 能力水平的三个维度进行一阶验证性因子分析，其分析模型如图 6-1 所示，验证性因子分析的拟合指数结果在表 6-1 中列出。

表 6-1　IT 能力水平量表的验证性因子分析拟合指标

χ^2/df	NFI	CFI	GFI	RMSEA
2.745	0.958	0.937	0.971	0.074

在 IT 能力水平量表的二因子验证性因子分析模型中，χ^2/df 值小于 3 ，NFI、CFI、GFI 值均大于 0.90，RMSEA 值小于 0.08，各项测量指标的拟合程度都适配，从而验证了 IT 能力水平是由 IT 基础设施、IT 人力资源和 IT 协同资源三个关键要素组成。见表 6-2。

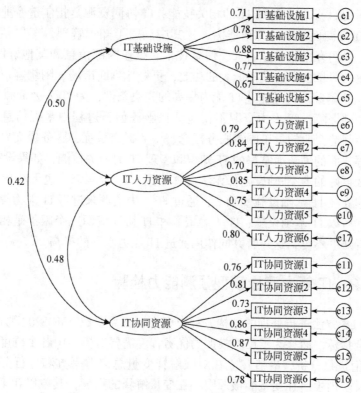

图 6-1　IT 能力水平量表的验证性因子分析

表 6-2　IT 能力水平量表的标准化路径系数

路径			标准化路径系数	S. E.	C. R.	P
IT 基础设施	<-->	IT 人力资源	0.503	0.038	4.786	＊＊＊
IT 基础设施	<-->	IT 协同资源	0.424	0.050	5.589	＊＊＊
IT 人力资源	<-->	IT 协同资源	0.482	0.044	2.840	＊＊＊

＊＊＊表示在 0.001 水平（双侧）上显著相关。

　　从一阶验证性因子分析模型的标准化路径系数上可以发现 IT 基础设施、IT 人力资源和 IT 协同资源三个因子两两之间的相关系数都在 0.4 以上，且都在 0.001 水平显著，说明这三个因子相互之间均为显著性相关，可以认为 IT 能力水平的三个因子之间具有比较高的协同度。在 IT 能力中，IT 基础设施是制造企业为了设计和实现在服务概念、服务提交系统、服务提交界面和服务支撑技术等方面的创新而构建的计算机、通信技术、数据库、分享式技术平台等技术基础支撑；IT 人力资源不仅包括在服务创新过程中掌握信息技术的人员，还包括制造企业的员工围绕服务概念、服务提交系统、服务提交界面和服务支撑技术等方面的创新而掌握的 IT 知识和管理 IT 的相关技能；IT 协同资源是指制造企业通过调用以及部署 IT 资源而带来的无形能力，这其中涵盖了知识管理、客户导向以及协同效应等，强调客户的服务需求、信息技术、企业内部信息和其他资源的交互，以使得企业的信息技术能发挥最大的功效，更好地判断市场、围绕客户需求进行服务创新。IT 基础设施是企业 IT 能力提高的先决条件，为 IT 人力资源和 IT 协同资源提供基础保障；IT 人力资源不仅包括在服务创新过程中掌握信息技术的人员，还包括制造企业的员工围绕服务概念、服务提交系统、服务提交界面和服务支撑技术等方面的创新而掌握的 IT 知识和管理 IT 的相关技能，如果没有 IT 人力资源，那么再好的 IT 基础设施都无法发挥作用，IT 协同资源也无法形成；IT 协同资源是建立在 IT 基础设施基础上，通过 IT 人力资源来进行 IT 能力提升的关键调度因素。所以 IT 基础设施、IT 人力资源和 IT 协同资源三个因子是相互促进的关系，三者缺一不可，这三者共同作用促进 IT 能力水平的提高。

6.1.2　IT 能力测量模型预测能力检验

采用 PLS 方法进行处理的结构方程模型中，不需要像 AMOS20 等方法一样需要验证拟合指标，而是为了反映模型的优劣程度需要对模型中各个维度的可决系数，即 R^2 值进行分析，R^2 值建立在对被解释变量总离差平方和进行分解的基础上，能够反映内生潜在变量能被原因潜在变量解释的程度，其值以 0.4 为标准水平，大于 0.4 即反映模型的预测能力较强。

本模型的 R^2 值如下：IT 基础设施的 R^2 值为 0.8239，IT 人力资源的 R^2 值为 0.7451，IT 协同资源的 R^2 值为 0.7369，IT 能力模型的 R^2 值检验结构见表 6-3。研究结果表明，本模型的预测能力非常强。

表 6-3　IT 能力模型的 R^2 值检验

维度	R^2
IT 基础设施	0.8239
IT 人力资源	0.7451
IT 协同资源	0.7369
总模型 R^2	0.7754

6.2　组织学习水平量表检验

6.2.1　组织学习水平量表的验证性因子分析

第 5 章中已经对组织学习水平量表的信度和效度分别进行了检验，数据结果表明组织学习水平量表的信度和效度较高，本节将对组织学习水平量表进行验证性因子分析。

对组织学习水平的两个维度进行一阶验证性因子分析，分析模型如图 6-2 所示，验证性因子分析的拟合指数结果列在表 6-4 中。

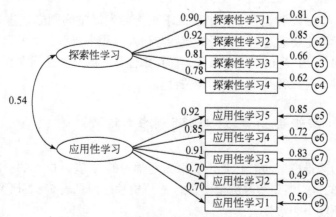

图 6-2　组织学习水平量表的验证性因子分析

表 6-4　组织学习水平量表的验证性因子分析拟合指标

χ^2/df	NFI	CFI	GFI	RMSEA
2.837	0.921	0.963	0.954	0.063

在组织学习水平量表的二因子验证性因子分析模型中，χ^2/df 值小于 3，而 NFI 值、CFI 值和 GFI 值都高于 0.90，而 RMSEA 值则小于 0.08，各项测量指标的拟合程度都达到适配标准，这一分析模型验证了组织学习由探索性学习以及应用性学习这两个关键要素组成，见表 6-5。

表 6-5　组织学习水平量表的标准化路径系数

路径			标准化路径系数	S. E.	C. R.	P
探索性学习	<-->	应用性学习	0.544	0.059	4.573	＊＊＊

＊＊＊表示在 0.001 水平（双侧）上显著相关。

从前面一阶验证性因子分析模型的标准化路径系数上可以发现，探索性学习与应用性学习这两个因子之间的相关系数为 0.54，并且在 0.001 水平上显著，这表明探索性学习与应用性学习之间具有显著的相关关系，由此可见，组织学习水平的两个因子之间具有比较高的协同度。应用性学习是指面对客户的服务需求，制造企业对现有知识、技能以及开发流程进行提炼、完善以及产业化应用，使其贴合于产品服务系统或基于产品的服务的设计和实现过程，从而促进服务创新绩效提升的一种学习方式；探索性学习指针对产品服务系统或基于产品的服务的设计和实现过程，制造企业不断对服务创新的新技术、新方法和新技巧进行探索和采纳，从而有助于制造企业获得更高创新效率的一种学习方式。

在制造企业的发展过程中，为了谋求更大的发展空间则必须进行探索性学习，探索性学习主要通过企业自身的实践与研发过程来获取，也可以是企业对新技术、新方法、新技巧的引进和吸收，而探索性学习的开展是建立在应用性学习的基础之上的，这二者具有显著的相关性。

6.2.2　组织学习测量模型预测能力检验

组织学习测量模型的 R^2 值如下：探索性学习的 R^2 值为 0.7683，应用性学习的 R^2 值为 0.8231，组织学习测量模型的 R^2 值检验结构见表6-6。研究结果表明，本模型的预测能力非常强。

表6-6　组织学习模型的 R^2 值检验

维度	R^2
探索性学习	0.7683
应用性学习	0.8231
总模型 R^2	0.8164

6.3　验证性因子分析

6.3.1　服务创新绩效水平量表的验证性因子分析

第5章中已经对服务创新绩效水平量表的信度以及效度进行了验证，数据结果显示服务创新绩效量表的信度和效度较高，本节将对服务创新绩效量表进行验证性因子分析。

对服务创新绩效的三个维度，即市场绩效、顾客吸引绩效和服务研发绩效进行一阶验证性因子分析，分析模型如图6-3所示，同时在表6-7中列出了验证性因子分析的拟合指数结果。

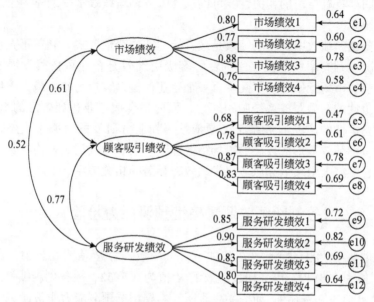

图 6-3　服务创新绩效水平量表的验证性因子分析

表 6-7　服务创新绩效水平量表的验证性因子分析拟合指标

χ^2/df	NFI	CFI	GFI	RMSEA
2.481	0.957	0.966	0.982	0.067

在针对服务创新绩效水平量表的三因子进行验证性因子分析的模型中可以看到，χ^2/df 值小于 3，NFI 值、CFI 值、GFI 值都大于 0.90，而 RMSEA 值则小于 0.08，各项测量指标的拟合程度都达到了适配模型标准，这就验证了服务创新绩效是由市场绩效、顾客吸引绩效和服务研发绩效三个关键要素组成，见表6-8。

表 6-8　服务创新绩效水平量表的标准化路径系数

路径			标准化路径系数	S. E.	C. R.	P
市场绩效	<-->	顾客吸引绩效	0.613	0.045	1.424	* * *
市场绩效	<-->	服务研发绩效	0.524	0.057	2.844	* * *
服务研发绩效	<-->	顾客吸引绩效	0.771	0.072	7.033	* * *

* * *表示在0.001 水平（双侧）上显著相关。

从一阶验证性因子分析模型的标准化路径系数上可以发现市场绩效、顾客吸引绩效和服务研发绩效三个因子相互之间的相关系数都大于 0.4，而且都在 0.001 的水平上显著，从而表明市场绩效、顾客吸引绩效和服务研发绩效三个因子相互之间都具有显著的相关性，可以认为服务创新绩效水平的三因子之间具有比较高的协同度。

在服务创新绩效中，市场绩效是最直接的绩效表现形式，涵盖了企业的销售和市场状况、利润率以及发展潜力；顾客吸引绩效是企业可持续发展的必要条件，在当前的市场竞争环境下几乎每一个企业都是以客户为本，最大限度地借助于具有竞争性的产品服务系统吸引客户，而此举会使企业达到较好的市场绩效，但是具有竞争性的产品服务系统必须依赖于新服务研发的效率和实施效果。因此，服务研发绩效是形成较高的市场绩效和顾客吸引绩效的企业内在保障，可见市场绩效、顾客吸引绩效和服务研发绩效有显著的相关关系。

6.3.2　服务创新绩效测量模型预测能力检验

服务创新绩效测量模型的 R^2 值如下：市场绩效的 R^2 值为 0.8821，顾客吸引绩效的 R^2 值为 0.8149，服务研发绩效的 R^2 值为 0.7852，服务创新绩效测量模型的 R^2 值检验结构见表 6-9。研究结果表明，本模型的预测能力非常强。

表 6-9　服务创新绩效测量模型的 R^2 值检验

维度	R^2
市场绩效	0.8821
顾客吸引绩效	0.8149
服务研发绩效	0.7852
总模型 R^2	0.8354

6.4　IT 能力与服务创新绩效关系的验证

基于第 5 章中提出的 IT 能力与服务创新绩效的关系假设，采用正式调查的 525 份样本数据，利用 AMOS20 进行参数估计，并根据修正指标进行模型修正，得到标准化路径系数。IT 能力对制造企业服务创新绩效影响的主要路径系数的显著性检验如图 6-4 所示。

从图 6-1 和表 6-10 的参数来看，经过设定潜在变量的测量误差间的共变关系，IT 能力的三个潜在变量，即 IT 基础设施、IT 人力资源和 IT 协同资源，对因变量服务创新绩效的三个潜在变量，即市场绩效、顾客吸引绩效和服务创新绩效产生显著影响，χ^2/df 、AGFI、GFI 和 RMSEA 指标均达到适配标准，模型得到验证，因此，表 6-11 中的假设均得到实践验证支持。

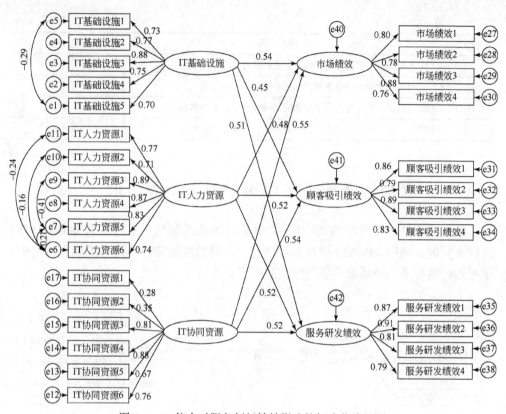

图 6-4 IT 能力对服务创新绩效影响的标准化路径图

表 6-10 IT 能力对服务创新绩效影响的显著性检验结果

估计参数	χ^2/df	AGFI	GFI	RMSEA	P
适配标准	3.000	0.900	0.900	0.080	0.05
模型指标	3.127	0.873	0.905	0.096	0.005
修正模型	2.843	0.902	0.931	0.072	0.000

表 6-11 IT 能力对服务创新绩效影响的假设验证结果

假设	理论关系	验证结果
H1-1	IT 基础设施对制造企业的市场绩效有显著正向影响	支持
H1-2	IT 基础设施对制造企业的顾客吸引绩效有显著正向影响	支持
H1-3	IT 基础设施对制造企业的服务研发绩效有显著正向影响	支持
H1-4	IT 人力资源对制造企业的市场绩效有显著正向影响	支持
H1-5	IT 人力资源对制造企业的顾客吸引绩效有显著正向影响	支持

续表

假设	理论关系	验证结果
H1-6	IT 人力资源对制造企业的服务研发绩效有显著正向影响	支持
H1-7	IT 协同资源对制造企业的市场绩效有显著正向影响	支持
H1-8	IT 协同资源对制造企业的顾客吸引绩效有显著正向影响	支持
H1-9	IT 协同资源对制造企业的服务研发绩效有显著正向影响	支持

6.5　IT 能力与组织学习关系的验证

　　基于第 4 章中提出的 IT 能力与组织学习的关系假设，采用正式调查的 525 份样本数据，利用 AMOS20 进行参数估计，得到标准化路径系数。IT 能力对组织学习影响的主要路径系数的显著性检验如图 6-5 所示。

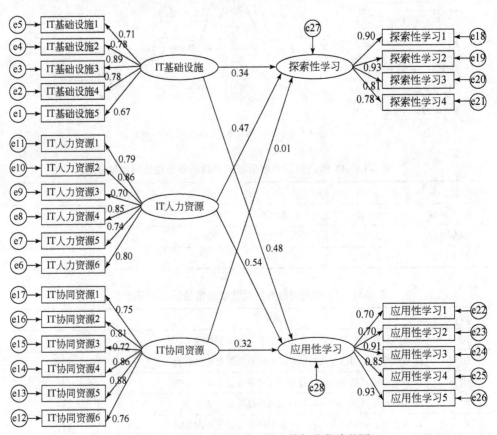

图 6-5　IT 能力对组织学习影响的标准化路径图

IT 能力的三个潜在变量，即 IT 基础设施、IT 人力资源和 IT 协同资源，对中介变量组织学习的两个潜在变量，即探索性学习和应用性学习产生显著影响，χ^2/df、AGFI、GFI 和 RMSEA 指标均达到适配标准（表 6-12），模型得到验证，其中 IT 协同资源对探索性学习的影响不显著。因此，可以得到表 6-13 中的假设验证结果。

表 6-12　IT 能力对组织学习影响的显著性检验结果

估计参数	χ^2/df	AGFI	GFI	RMSEA	P
适配标准	3.000	0.900	0.900	0.080	0.05
模型指标	2.428	0.932	0.957	0.065	0.003

表 6-13　IT 能力对组织学习影响的假设验证结果

假设	理论关系	验证结果
H2-1	IT 基础设施对探索性学习有显著正向影响	支持
H2-2	IT 基础设施对应用性学习有显著正向影响	支持
H2-3	IT 人力资源对探索性学习有显著正向影响	支持
H2-4	IT 人力资源对应用性学习有显著正向影响	支持
H2-5	IT 协同资源对探索性学习有显著正向影响	不支持
H2-6	IT 协同资源对应用性学习有显著正向影响	支持

6.6　组织学习的不同构成与服务创新绩效

基于第 4 章中提出的组织学习与服务创新绩效的关系假设，采用正式调查的 525 份样本数据，利用 AMOS20 进行参数估计，并根据修正指标进行模型修正，得到标准化路径系数。组织学习对服务创新绩效影响的主要路径系数的显著性检验如图 6-6 所示。

组织学习的两个潜在变量，即探索性学习和应用性学习，对服务创新绩效的三个潜在变量，即市场绩效、顾客吸引绩效和服务研发绩效产生显著影响，χ^2/df、AGFI、GFI 和 RMSEA 指标均达到适配标准（表 6-14），模型得到验证，其中探索性学习对市场绩效的影响不显著。因此，可以得到表 6-15 中的假设验证结果。

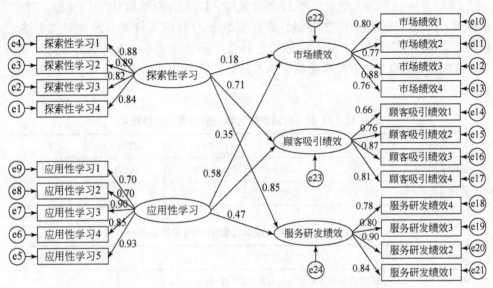

图 6-6　组织学习对服务创新绩效影响的标准化路径图

表 6-14　组织学习对服务创新绩效影响的显著性检验结果

估计参数	χ^2/df	AGFI	GFI	RMSEA	P
适配标准	3.000	0.900	0.900	0.080	0.05
模型指标	1.936	0.927	0.954	0.053	0.03

表 6-15　服务型制造模式下组织学习对服务创新绩效影响的假设验证结果

假设	理论关系	验证结果
H3-1	探索性学习对制造企业市场绩效有显著正向影响	不支持
H3-2	探索性学习对制造企业顾客吸引绩效有显著正向影响	支持
H3-3	探索性学习对制造企业服务研发绩效有显著正向影响	支持
H3-4	应用性学习对制造企业市场绩效有显著正向影响	支持
H3-5	应用性学习对制造企业顾客吸引绩效有显著正向影响	支持
H3-6	应用性学习对制造企业服务研发绩效有显著正向影响	支持

6.7　组织学习的中介作用检验

借助回归分析方法，本节将针对模型中组织学习的中介作用假设关系进行验证。所涉及的自变量包括 IT 基础设施、IT 人力资源和 IT 协同资源，中介变量包括探索性学习和应用性学习，因变量包括市场绩效、顾客吸引绩效和服务研发绩效。

6.7.1　三大问题检验

在进行回归分析之前，应对模型中可能存在的变量的多重共线性、序列相关以及异方差这三大基本问题进行检验。

首先，检验多重共线性。对回归模型的方差膨胀因子 VIF 进行检验，计算结果显示，在所有模型中的 V 值均为 0 到 10，因而可以判定自变量间不存在多重共线性问题。

其次，检验序列相关。本章涉及的所有模型的 DW（Duthin-Watson）值均靠近 2，因此，可以判定自变量间不存在序列相关问题。

最后，检验异方差问题。对回归模型以标准化预测值作为横轴、标准化残差作为纵轴进行残差项的散点图分析，结果显示，散点图呈无序状态，由此可以判定回归模型不存在异方差问题。

6.7.2　中介效应的分析方法

如果自变量 X 是通过变量 M 而对因变量 Y 产生影响，那么就称 M 为中介变量，图 6-7 分别列出了不存在中介变量和存在中介变量两种情况，在图 6-7（a）中自变量 X 与因变量 Y 之间没有中介变量；在图 6-7（b）中则存在 M 这一中介变量。中介变量的作用称为中介效应，中介效应分为完全中介效应和部分中介效应，通常把部分中介效应称为中介效应。

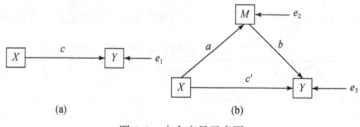

图 6-7　中介变量示意图

参照温忠麟等（2004）提出的分析中介效应的方法，检验应该分三步来完成，中介效应检验设计及判断标准见表 6-16。

表 6-16　中介效应检验设计及判断标准

自变量（IT 能力）	X
因变量（服务创新绩效）	Y
中介变量（组织学习）	M
回归分析	$Y = cX + e_1$
	$M = aX + e_2$
	$Y = c'X + bM + e_3$
判断标准	a、b、c、c' 均显著且不等于 0，且 c 大于 c'

1）检验回归系数 c（图 6-7 中的 a 图），如果 c 不显著，表明自变量 X 和因变量 Y 之间不存在显著的相关关系，那么就停止分析中介效应；而如果 c 显著，则进入步骤 2）。

2）分别检验回归系数 a 和回归系数 b，如果 a 和 b 都显著，表明 X 对 Y 存在影响，而 M 对 Y 也存在显著影响，如果 a 和 b 两个系数中有任何一个系数不显著，则应该停止分析 M 的中介效应，a 和 b 两个系数只要有一个显著就可转入步骤 3）。

3）对回归系数 a、b、c' 进行检验，如果自变量中加入 M 的影响后，c' 不再显著，则说明 M 具有完全中介效应，如果 c' 显著，但明显小于 c，则说明 M 发挥着部分中介效应。

6.7.3　组织学习的中介效应检验

依据上述中介效应的检验步骤，本书依照次序进行中介效应检验。

1. IT 能力对制造企业服务创新绩效的影响

从表 6-17 可以看出，自变量 IT 能力与因变量服务创新绩效之间有显著的相关性。

表 6-17　IT 能力与服务创新绩效的相关分析

变量	IT 基础设施	IT 人力资源	IT 协同资源	市场绩效	顾客吸引绩效	服务研发绩效
IT 基础设施	1					
IT 人力资源	0.469 **	1				
IT 协同资源	0.481 **	0.459 **	1			
市场绩效	0.538 **	0.475 **	0.553 **	1		
顾客吸引绩效	0.450 **	0.518 **	0.536 **	0.488 **	1	
服务研发绩效	0.512 **	0.524 **	0.521 **	0.482 **	0.513 **	1

＊＊表示在 0.01 水平（双侧）上显著相关，样本量 $n = 525$。

2. IT 能力对组织学习的影响

从表 6-18 可以看出，自变量 IT 能力与因变量组织学习之间有显著的相关性。

表 6-18 IT 能力与组织学习的相关分析

变量	IT 基础设施	IT 人力资源	IT 协同资源	探索性学习	应用性学习
IT 基础设施	1				
IT 人力资源	0.469**	1			
IT 协同资源	0.481**	0.459**	1		
探索性学习	0.341**	0.474**	0.014**	1	
应用性学习	0.483**	0.544**	0.323**	0.372**	1

＊＊表示在 0.01 水平（双侧）上显著相关，样本量 $n=525$。

3. 服务型制造模式下组织学习对服务创新绩效的影响

从表 6-19 可以看出，自变量组织学习与因变量服务创新绩效之间有显著的相关性。

表 6-19 组织学习与服务创新绩效的相关分析

变量	探索性学习	应用性学习	市场绩效	顾客吸引绩效	服务研发绩效
探索性学习	1				
应用性学习	0.372**	1			
市场绩效	0.183**	0.354**	1		
顾客吸引绩效	0.714**	0.581**	0.488**	1	
服务研发绩效	0.852**	0.473**	0.482**	0.513**	1

＊＊表示在 0.01 水平（双侧）上显著相关，样本量 $n=525$。

4. 加入组织学习中介变量后 IT 能力对服务创新绩效的影响

从表 6-20 中可以看出在考虑组织学习的影响因素后，IT 能力各要素与服务创新绩效各要素之间的 Pearson 相关系数减小，这表明组织学习在 IT 能力与服务创新绩效之间发挥着部分中介效应。因此，以下假设正确，H4-1：服务型制造模式下 IT 能力以探索性学习为中介对服务创新绩效有显著正向影响和 H4-2：服务型制造模式下 IT 能力以应用性学习为中介对服务创新绩效有显著正向影响。

表 6-20　加入中介变量后的 IT 能力对服务创新绩效的相关系数

变量	IT 基础设施	IT 人力资源	IT 协同资源	市场绩效	顾客吸引绩效	服务研发绩效
IT 基础设施	1					
IT 人力资源	0.469**	1				
IT 协同资源	0.481**	0.459**	1			
市场绩效	0.426**	0.379**	0.521**	1		
顾客吸引绩效	0.417**	0.496**	0.459**	0.427**	1	
服务研发绩效	0.463**	0.419**	0.487**	0.416**	0.473**	1

** 表示在 0.01 水平（双侧）上显著相关，样本量 $n = 525$。

6.8　服务化战略调节效应的假设检验

本书主要考虑了两种不同的服务化战略，即 SSP 战略和 SSC 战略，因此本书中服务化战略是一个类别变量。为了检验 IT 能力对组织学习和制造企业服务创新绩效关系的调节效应，本书采用了分组检验的方法，具体操作步骤如下。

1）根据服务化战略将数据分成两组，即主要实施 SSP 战略的数据和主要实施 SSC 战略的数据。

2）分别用这两组数据对验证后的模型进行实证检验，计算两个结构方程模型（即 SSP 模型和 SSC 模型）中 IT 能力各维度与组织学习的回归系数、自由度（df）和卡方（χ^2）。

3）把两个结构方程模型中的一个看作基准模型（如将 SSP 模型作为基准模型），将另一个模型中一组变量间的回归系数设定为与基准模型中的回归系数相等（如把 SSC 模型中"IT 能力–组织学习"的回归系数设定与 SSP 模型中"IT 能力–组织学习"的回归系数相等），然后对增加限制后的模型进行检验，从而得到一个新的自由度（df）和卡方（χ^2）。

4）通过比较同一个模型增加限制前后卡方（χ^2）变化是否显著，来判断调节效应是否存在。χ^2 差异，即约束模型的 χ^2 减去自由模型的 χ^2 的绝对值，看 χ^2 变化是否显著，即看 χ^2 的变化值与自由度的变化值之间的函数关系计算出的数值，即 P 值，一般小于 0.01，或者小于 0.05，甚至小于 0.1。如果 χ^2 变化显著，说明调节效应存在，如果 χ^2 变化不显著，说明调节效应不存在。

5）采用上述方法，分别检验服务化战略是否调节其他变量之间的关系。

本书对服务化战略的调节效应验证结果见表 6-21。

表 6-21　服务化战略的调节效应验证结果

假设	调节变量	等式约束模型	自由模型	χ^2 差异	P	结果
H5-1	SSP 模式	$\chi^2 = 372.24$ （df＝691）	$\chi^2 = 368.1$ （df＝690）	$\chi^2 = 4.14$ （df＝1）	0.024	支持
H5-2	SSC 模式	$\chi^2 = 354.36$ （df＝691）	$\chi^2 = 347.2$ （df＝690）	$\chi^2 = 7.16$ （df＝1）	0.037	支持

6.9　实证检验结果讨论

1）验证性因子分析结果表明 IT 能力水平量表中的 IT 基础设施、IT 人力资源和 IT 协同资源三个因子两两之间呈现显著性相关关系；组织学习水平量表中的探索性学习和应用性学习两个因子之间呈现显著性相关关系；制造企业服务创新绩效水平量表中的市场绩效、顾客吸引绩效和服务研发绩效三个因子两两之间呈现显著性相关关系。

模型预测能力检验表明 IT 能力测量模型、组织学习测量模型和制造企业服务创新绩效测量模型中各因子的 R^2 值以及总体测量模型的 R^2 值均较高，表明三个测量模型的预测能力都非常强。这些研究结果表明本书所划分的 IT 能力、组织学习和制造企业服务创新绩效的组成构面是科学可行的，反映了制造企业的实际，量表的开发也充分勾勒出了因子的特征。

2）借助结构方程模型方法对 IT 能力与制造企业服务创新绩效的关系进行了检验，参考 χ^2/df、AGFI、GFI 和 RMSEA 指标进行模型适配度评判，研究结果表明 IT 能力的三个构面，即 IT 基础设施、IT 人力资源和 IT 协同资源分别对制造企业服务创新绩效中的市场绩效、顾客吸引绩效和服务研发绩效产生显著的正向影响。这里做如下分析。

制造企业的服务创新绩效是依靠企业的内、外部资源，依托实物产品，结合客户需求进行新服务研发和实现后而对企业发展形成的促进结果，表现在企业的市场绩效、服务研发效率和顾客吸引效果上，企业的内部资源中非常重要的一项就是知识和信息资源，而这一资源在企业内部的传播和共享依赖于信息技术，以计算机和通信为核心的现代信息技术已成为改造制造企业生产和服务的有力工具。

但如果只是单纯地把信息技术作为基础设施存在而没有 IT 人力资源的应用和协调，将不能发挥其应有的作用，而且容易被竞争对手模仿和采纳。正是 IT 基础设施、IT 人力资源与 IT 协同资源三者的交互作用共同促进着制造企业内外部信息资源的传播与共享，IT 能力使得制造企业能够准确及时地从客户处采集信息，从而更精准地把握客户对产品和服务的需求，整合企业的物流、信息流和资金流，不断进行研发与创新，服务于客户，从而对客户形成持续的吸引力，有力地促进制造企业的服务创新绩效。

3）IT 基础设施、IT 人力资源和 IT 协同资源显著影响应用性学习，IT 基础设施和 IT 人力资源显著影响探索性学习，但 IT 协同资源对探索性学习的影响不显著。这里做如下分析。

在组织学习中，应用性学习指企业对现有知识、技能、开发流程的提炼、完善和产业化应用过程。以 IT 基础设施、IT 人力资源和 IT 协同资源为构面的 IT 能力从运用之初就基于制造企业现有的信息设备和技术条件而形成，这些信息设备和技术与企业的整体运营状况，包括企业的组织学习状况相互匹配，而应用性学习也强调对现有知识、技能、开发流程的应用，其开展也是以 IT 作为基础，因此不难理解 IT 基础设施、IT 人力资源和 IT 协同资源会对制造企业应用性学习产生正向影响。

组织学习中的探索性学习是企业对新技术、新方法、新技巧的探索和采纳过程，从而使企业获得更高的创新效率。IT 基础设施和 IT 人力资源以更显性化的方式分别从硬实力和软实力两个方面表述着企业的 IT 能力，这两方面的提升对制造企业获取本行业的新技术、新方法和新技巧形成有力的支撑，因此 IT 基础设施和 IT 人力资源能够显著影响企业的探索性学习过程。IT 协同资源则指的是制造企业通过调用和部署 IT 资源所带来的无形能力，包括知识管理、客户导向和协同效应等，IT 协同资源强调信息技术与企业内部其他资源的交互，因而更容易受到外界因素的影响，IT 协同资源愈高时可能会对企业的现有资源形成一定的挤占，而相比较于应用性学习，探索性学习过程更强调企业所拥有的基础资源，因为只有大量的资金投入才使得企业有实力，员工有动力地去探索和应用新技术和新方法，因此 IT 协同资源和探索性学习这二者之间可能存在内部冲突，当然这只是本书对二者关系的解读，至于这其中更深层次的运作机理需要在后续研究中加以关注和分析。

4）组织学习对制造企业服务创新绩效产生影响的大部分假设得到实证数据支持，但探索性学习对制造企业市场绩效的影响不显著，这可以从以下方面得以分析。

制造企业借助组织学习这一方式能够有效吸收和发展组织内、外部的知识和信息，在适应环境变迁的同时凝聚知识的力量，从而协助组织成员创造新知识、分享经验并持续改善工作绩效，因此必然会影响制造企业的产品和服务研发过程，从而提高企业产品和服务的被接纳程度，产生效益，因此制造企业的组织学习程度越高，则企业的服务创新绩效也会越高。但探索性学习是指企业组织对新技术、新方法、新技巧的探索和采纳过程，而实证数据表明探索性学习与市场绩效之间的相关系数为 0.18，小于 0.2，说明这二者之间的相关性甚小，这也许是所采集数据有一定的局限性，测量模型有一定的误差引起的，因而有必要在后续研究中从不同的侧面继续加以探究。

5）IT 能力在自身正向影响制造企业服务创新绩效的同时，还通过组织学习这一中介变量施加影响，组织学习在 IT 能力影响服务创新绩效的机理中发挥着部分中介作用。本书对 IT 能力与组织学习的关系进行了检验，参考 χ^2/df、AGFI、GFI 和 RMSEA 指标进行模型适配度评判，从而针对服务型制造模式下组织学习对 IT 能力与制造企业服务创新绩效间关系的中介作用机理问题进行了分析。

从第 4 章中的案例分析可见 IT 能力不仅能够极大地方便企业的员工对企业内外部信息的获取和分发，并且通过制造企业内部的数据库，能够对制造企业内部的信息和知识进行统一的编码和管理，进而有效促进企业对信息和知识的共享及创建，而企业员工对企业的信息和知识进行结合后而形成初步的服务创新的思路，提高制造企业对信息和知识的利用水平，这一过程为创新服务奠定了基础，据此不难理解 IT 能力在自身正向影响制造企业服务创新绩效的同时，还会通过组织学习来施加对服务创新绩效的影响。

6）本书在进行多重共线性问题、序列相关问题和异方差问题检验之后，采用回归分析方法验证服务化战略的调节作用。研究结果表明制造企业的服务化战略对 IT 能力与组织学习关系以及与制造企业服务创新绩效关系中均发挥着调节作用。SSP 战略下 IT 能力对组织学习的影响显著大于 SSC 战略下 IT 能力对组织学习的影响。SSC 战略下 IT 能力对服务创新绩效的影响显著大于 SSP 战略下 IT 能力对服务创新绩效的影响。这里做如下分析。

从 SSP 战略的特点来看，SSP 是在有形产品的基础上增加与此相关联的服务，服务内容与产品具有较高的相关性，其中典型代表是产品安装、维修、监督、检验和回收等服务，SSC 是企业将发展战略由基于产品的服务转变成基于客户需求的服务，提供"服务解决方案"或"组合服务"以实现价值获取和发展模式上的转变，这是制造企业服务化转型的高级阶段。

组织学习是组织不断获取知识和信息，对知识和信息进行挖掘和整理，并在组织中开展知识共享和信息协同，从而借助知识的使用来提升价值，并开发新知识的过程，由于 SSP 战略比较 SSC 战略而言，其服务化更有形，这种有形体现在服务流程、服务范围、服务规范和服务传递上，制造企业更容易对服务进行规划和实施，而企业对服务过程中相关的知识和信息的获取也更加依赖于信息技术，IT 能力能发挥更大的影响作用，据此，服务化战略对 IT 能力和组织学习的关系产生调节作用。

IT能力对服务创新绩效的影响，在不同的服务化战略下也有所差异，在SSC战略下，制造企业基于有形产品，将原来集成于产品中的知识、技能等要素进行分离，并外化成为各种服务要素，如信息咨询、研发、物流、市场调研、技术支持等，企业借助"服务解决方案"或"组合服务"来进行价值获取。这种SSC战略模式的开展需要更多的信息桥梁作为纽带，如顾企之间关于服务的交互，企业与外包商、供应商、合作商、科研院所之间的信息交互，这种信息交互的程度依赖于IT能力，并强烈影响到企业的服务创新绩效，因而不难理解SSC战略下IT能力对服务创新绩效的影响显著大于SSP战略下IT能力对服务创新绩效的影响。

6.10　本章小结

本章对IT能力、组织学习和制造企业服务创新绩效各量表进行了验证性因子分析，并检验了三个测量模型的预测能力，然后运用结构方程模型以及回归分析方法，对概念模型开展实证研究，分别对多条研究假设进行了检验，探析IT能力对制造企业服务创新绩效的作用机理，以及服务化战略所发挥的调节作用。

最后的假设验证情况列在表6-22中，在研究初期所做的25条理论假设中有23条得到实证数据的支持，而其余2条理论假设则未能取得数据支持，具体的假设验证结果见表6-22。

表6-22　假设验证结果汇总

假设	理论关系	验证结果
H1-1	IT基础设施对制造企业市场绩效有显著正向影响	支持
H1-2	IT基础设施对制造企业顾客吸引绩效有显著正向影响	支持
H1-3	IT基础设施对制造企业服务研发绩效有显著正向影响	支持
H1-4	IT人力资源对制造企业市场绩效有显著正向影响	支持
H1-5	IT人力资源对制造企业顾客吸引绩效有显著正向影响	支持
H1-6	IT人力资源对制造企业服务研发绩效有显著正向影响	支持
H1-7	IT协同资源对制造企业的市场绩效有显著正向影响	支持
H1-8	IT协同资源对制造企业顾客吸引绩效有显著正向影响	支持
H1-9	IT协同资源对制造企业服务研发绩效有显著正向影响	支持
H2-1	IT基础设施对探索性学习有显著正向影响	支持
H2-2	IT基础设施对应用性学习有显著正向影响	支持
H2-3	IT人力资源对探索性学习有显著正向影响	支持

续表

假设	理论关系	验证结果
H2-4	IT 人力资源对应用性学习有显著正向影响	支持
H2-5	IT 协同资源对探索性学习有显著正向影响	不支持
H2-6	IT 协同资源对应用性学习有显著正向影响	支持
H3-1	探索性学习对制造企业市场绩效有显著正向影响	不支持
H3-2	探索性学习对制造企业顾客吸引绩效有显著正向影响	支持
H3-3	探索性学习对制造企业服务研发绩效有显著正向影响	支持
H3-4	应用性学习对制造企业市场绩效有显著正向影响	支持
H3-5	应用性学习对制造企业顾客吸引绩效有显著正向影响	支持
H3-6	应用性学习对制造企业服务研发绩效有显著正向影响	支持
H4-1	IT 能力以探索性学习为中介对制造企业服务创新绩效有显著正向影响	支持
H4-2	IT 能力以应用性学习为中介对制造企业服务创新绩效有显著正向影响	支持
H5-1	SSP 战略下 IT 能力对组织学习的影响显著大于 SSC 战略下 IT 能力对组织学习的影响	支持
H5-2	SSC 战略下 IT 能力对服务创新绩效的影响显著大于 SSP 战略下 IT 能力对服务创新绩效的影响	支持

第7章 研究结论与展望

本章是本书研究工作的总结，对研究初始提出的几个问题做出有针对性的回答，并揭示研究的管理启示，阐述研究的创新之处和局限性，并对未来的后续研究做以展望。

7.1 研究的主要工作及结论

本书首先对服务型制造进行深入研究，一方面结合知识管理理论分析服务型制造创新过程，创建了由学习机制、组织机制、服务机制和技术机制组成的基于知识管理的服务型制造创新机制，阐述了各个机制的内涵和作用；另一方面，对服务型制造网络资源进行整合和优化。其次，对 IT 能力、制造企业服务创新、服务化战略和组织学习等相关理论文献进行综述，结合制造企业的服务创新实践，对制造企业的服务创新和服务创新绩效的内涵进行了分析，并对制造企业的服务创新绩效在研究构面上进行了划分。再次，通过对探索性多案例研究中的企业资料进行分析，并对案例项目的数据分析结果进行汇总，结合相关理论构建了 IT 能力影响制造企业服务创新绩效的概念模型假设，提出组织学习在其中所发挥的中介作用假设以及服务化战略在影响关系中所发挥的调节作用假设。最后，在中国内地情境下的制造企业或具有服务导向的制造企业中开展了实证研究，在制造企业中开展了广泛的问卷调查，对回收的数据进行描述性统计、信度和效度检验，分析了数据的可靠性和一致性，采用结构方程模型方法和回归分析方法进行了实证分析检验，研究了 IT 能力对制造企业服务创新绩效的影响机理。

基于整个研究的分析论证，最终形成了五个方面的研究结论。

1) 从知识管理视角来看，服务型制造的创新机制内容涵盖学习机制、组织机制、服务机制和技术机制，各个机制具有不同的内涵和作用。服务型制造企业应该加强协作及跨组织的知识集成，并在服务型制造网络组织中加强组织成员的学习意识和知识获取能力。此外，服务型制造网络需要整合配套商、供应商、第三方物流和外包商等个体资源的物流、资金流、信息流运作水平，向客户提供高价值产品服务系统从而实现服务型制造网络整体及相关企业的价值增值。

2) 本书研究表明 IT 基础设施、IT 人力资源和 IT 协同资源会显著影响组织学习中的应用性学习，IT 基础设施和 IT 人力资源显著影响组织学习中的探索性学习，但 IT 协同资源对组织学习中的探索性学习影响不显著。

在信息社会，信息技术即 IT 在企业发展中发挥着非常重要的作用，企业能够利用 IT 来促进知识共享，专业化的信息技术有助于整个企业管理水平和绩效的提高。但 IT 的使用本身并不能为企业带来竞争优势，企业从 IT 中获取的优势可以通过多种资源间的互补而嵌入组织，最终形成企业的 IT 能力。IT 能力是基于制造企业现有的信息设备和技术条件而形成，这些信息设备和技术与企业的整体运营状况，包括企业的组织学习状况相互匹配，而应用性学习也强调对现有知识、技能、开发流程的应用，其开展也是以 IT 作为基础，因此 IT 基础设施、IT 人力资源和 IT 协同资源会对制造企业的应用性学习产生正向影响。

IT 基础设施和 IT 人力资源以更显性化的方式分别从硬实力和软实力两个方面阐释着企业的 IT 能力，这两方面的提升对制造企业获取本行业的新技术、新方法和新技巧形成有力的支撑，因此 IT 基础设施和 IT 人力资源能够显著影响制造企业探索性学习过程。IT 协同资源则指的是制造企业通过调用和部署 IT 资源所带来的无形能力，包括知识管理、客户导向和协同效应等，这一概念强调信息技术与企业内部其他资源的交互，因而更容易受到外界因素的影响，IT 协同资源愈高时可能会对企业的现有资源形成一定的挤占，而相比较于应用性学习，探索性学习过程更强调企业所拥有的基础资源，因为大量的资金投入会促使企业有实力，员工有动力地去探索和应用服务的新技术和新方法，因此 IT 协同资源和组织学习中的探索性学习这二者之间可能存在内部冲突，当然这只是本书对二者关系的解读，至于这其中的更深层次的运作机理需要在后续研究中加以关注和分析。

3）本书研究表明 IT 基础设施、IT 人力资源和 IT 协同资源分别对制造企业的市场绩效、顾客吸引绩效和服务研发绩效产生积极的正向影响，即 IT 能力的提高能够显著提升制造企业的服务创新绩效。

IT 的应用能够支持企业改变服务创新的理念并实施，因而 IT 具有非常重要的作用。在 IT 能力的战略定位上，需要考虑到它和服务创新战略之间有效链接的潜在含义，从而形成连贯而整合的企业战略。在服务创新过程中，IT 能力是一种为开发更好的服务，并获取更高利润而创造有利条件的手段。如果我们将重点放在通过创新分化和关注服务创造战略上而引入新服务的不同定位上，那么 IT 能力使得企业能够及时捕捉客户需求，并对其迅速响应，促进新服务的发展并带来更高的企业利润。

4）组织学习在 IT 能力与制造企业服务创新绩效这二者的关系中发挥着部分中介作用。应用性学习显著影响制造企业的市场绩效、顾客吸引绩效和服务研发绩效，探索性学习显著影响制造企业的顾客吸引绩效和服务研发绩效，但对制造企业的市场绩效的影响不显著。结合 IT 能力对组织学习正向影响的研究结论，说明 IT 能力在自身正向影响制造企业服务创新绩效的同时，还通过组织学习这一中介变量施加影响，组织学习在 IT 能力影响制造企业服务创新绩效的机理中发挥着部分中介作用。

组织学习能够增强组织的知识基础，从而提高新服务开发绩效。制造企业需要树立"向顾客学习"的观念，通过服务流程设计和再造，让顾客更多地参与到服务过程中，并通过充分的交流以主动创造向顾客学习的机会，同时，制造企业要塑造良好的组织创新氛围，鼓励员工结合客户需求进行创新，将员工的学习行为纳入到考评体系中，督促企业所有成员都要意识到学习的价值，以开放的心智，积极把握向顾客学习的机会。组织学习能够增强企业开发新服务的意愿以及实现新的创新组合的能力，缩短新服务的开发周期，比竞争对手更快速地开发出新服务，从而有助于保持和提升在市场竞争中的地位，并开拓新的市场机会。

5）制造企业的服务化战略在 IT 能力与组织学习和服务创新绩效的关系中发挥着调节作用。

一方面，SSP 战略下 IT 能力对组织学习的影响显著大于 SSC 战略下 IT 能力对组织学习的影响。SSP 战略较 SSC 战略而言，其服务化更有形，这种有形体现在服务流程、服务范围、服务规范和服务传递上，有形的服务更容易进行把握和学习，因此组织学习过程更容易开展，而这一过程中相关知识和信息的获取也更依赖于信息技术，IT 能力能发挥更大的影响作用，从这一点可以解释 SSP 战略和SSC 战略对 IT 能力和组织学习二者之间关系的影响程度不同。

另一方面，SSC 战略下 IT 能力对服务创新绩效的影响显著大于 SSP 战略下IT 能力对服务创新绩效的影响。在 SSC 战略下，制造企业基于有形产品，将原来集成于产品中的知识、技能等要素进行分离，并外化成为各种服务要素，例如信息咨询、研发、物流、市场调研、技术支持等，企业借助"服务解决方案"或"组合服务"来进行价值获取。这种 SSC 战略模式的开展需要更多的信息桥梁作为纽带，如顾企之间关于服务的交互，企业与外包商、供应商、合作商、科研院所之间的信息交互，这种信息交互的程度依赖于 IT 能力，并强烈影响到企业的服务创新绩效。

7.2　研究的管理启示

当前信息技术发展迅猛、知识更新频繁，市场竞争日趋激烈，制造企业必须在产品基础上，立足于信息技术下的客户需求分析与实现，不断进行服务创新才能适应服务社会对制造企业的发展要求。2015年5月，国务院印发《中国制造2025》。作为我国实施制造强国战略第一个十年的行动纲领，《中国制造2025》强调中国的制造业要进行结构优化，必须坚持把结构调整作为建设制造强国的关键环节，大力发展先进制造业，改造提升传统产业，推动生产型制造向服务型制造转变。优化产业空间布局，培育一批具有核心竞争力的产业集群和企业群体，走提质增效的发展道路，服务型制造已经成为制造业的主流发展方向。

本书正是基于上述现实背景，一方面研究服务型制造这一新型制造模式，另一方面研究信息化时代制造企业如何借助IT能力和组织学习来获取最大的服务创新绩效，并指出在何种状况下，制造企业更应该具备什么样的能力来达到其绩效目标。本书面向中国内地的制造企业，相关的结论对指导制造企业开展服务型制造，提高市场绩效、顾客吸引绩效和服务研发绩效，增强企业的市场竞争力，进而在激烈的市场竞争中获得快速发展产生积极的意义。对处于信息社会中，注重服务创新的制造企业具有很多管理启示。

1）制造企业应依据客户需求大力发展服务型制造，从学习机制、组织机制、服务机制和技术机制等方面保障服务型制造的顺利开展，服务型制造企业与配套商、供应商、第三方物流和外包商协作形成服务型制造网络，共同推进网络中的物流、资金流、信息流运作水平，向客户提供高价值产品服务系统从而实现服务型制造网络整体及相关企业的价值增值。

2）制造企业应该积极主动地在企业内部的各个环节中推动信息技术的应用，努力提高企业的IT基础设施、IT人力资源和IT协同资源，从而推进企业的服务创新，取得竞争优势。

研究表明：企业竞争优势的根源存在于企业内部。从全球制造企业的发展趋势来看，信息化对制造企业的发展起着至关重要的推动作用。对制造企业而言，IT在企业的内外部有诸多表现，在产品的设计和研发领域，具有能够提高企业产品和服务开发能力的CAD（计算机辅助设计）、CAE（计算机辅助工程）、CAPP（计算机辅助工艺过程设计）、CAM（产品数据管理）；在制造企业的内部管理方面，IT的应用表现为OA（办公自动化）、DSS（决策支持系统）、Intranet（企业内联网）、SCM（供应链管理）、CRM（客户关系管理）、PDM（产品数据管理）、ERP（企业资源计划）；在营销方面，制造企业的门户网站建设、数据库管理、电子商务的应用，以及物流领域的RFID技术和条码技术的应用都与IT息息相关，在信息社会中的制造企业，IT已经渗透到从研发到采购，从生产到销售的各个环节。制造企业唯有紧跟IT发展的潮流，不断强化IT基础设施，同时加强IT人力资源的软实力，并注重对各项IT资源的协调运用，才能获得发展。在开展IT能力应用的过程中，必须高度重视培育无形的组织能力，形成持续竞争优势的真正来源，制造企业的管理者不能期望 IT 投资能立竿见影，而应该重视营造组织学习等关键组织能力，由此带来服务创新绩效的改善。

3）制造企业需要不断强化组织学习，推动企业对知识的应用性学习和探索性学习，从而有利于服务创新绩效的提高。

组织学习能够增加制造企业的知识基础，并以持续学习的方式推动组织行为发生变化，从而促进企业组织在多个方面的创新，而且组织学习及其与创新的关系对于企业竞争优势的保持具有基础性的影响（Berger and Lester，1997）。如果企业内部从管理层到普通员工都善于学习和乐于学习，那么就能够极大地激发企业的集体智慧和力量，使企业能够更迅速地推出新产品和新服务，而且能够对企业的流程和商务模式依据需要进行改进，从而获取更高的市场收益和创新绩效，赢得客户。因此，制造企业需要不断地进行组织学习以提高企业内部的研发、生产、销售、运营等能力以保证创新商业化的成功，一方面加强对现有知识、技能、开发流程的提炼、完善和产业化应用，另一方面注重对新技术、新方法、新技巧的不断探索和采纳，从而使制造企业获得发展的技术性潜质，获取更高的服务创新绩效。

4）制造企业需要持续开展依托于产品的服务创新，并关注跨产品细分领域的服务创新。

在以服务经济为代表的后工业时代，对依托产品创造优先客户价值的制造企业而言，服务正在逐渐发展成为获取竞争优势的关键因素。在制造业的内部正在发生着一场革命，由服务所带来的销售量和边际利润正在不断增加，而通过向客户提供产品相关服务和客户支持服务，制造企业逐渐由产品生产者转变成为客户支持方案提供者。制造企业的服务创新是企业根据整体战略和创新战略，在企业内部要素和外部环境的推动下，向客户提供全新的或持续改进服务而实现企业价值创造的正式的或非正式的开发活动。制造企业需要在售前、售中和售后三个关键环节塑造服务能力，通过提高自身的服务（包括生产前端的产品研发设计服务、产品生产过程中的定制化服务、产品销售过程中的服务、产品售后服务）水平，形成一种整合的服务创新能力，即对企业的资源围绕客户服务而进行整合式创新，从而提高制造企业的竞争力，并使服务创新能力逐渐发展成为制造企业的核心能力（Bitner et al.，2000）。

在本书的探索性案例分析部分，选择了五个典型制造企业，分别涉及以电脑为主打产品的 IT 设备制造商、电信设备制造商、动力设备制造商、家电制造商和汽车制造商，从第 4 章中对这些制造企业服务创新的典型事例来看，随着制造企业产品性质的不同，企业所进行的服务创新项目差别比较大，如果制造企业的管理者将服务创新的眼光拘泥于自身的产品细分领域，缺乏发散性思维，那么企业将可能忽视一些潜在的客户需求；相反，如果制造企业能够加强对各行业服务创新项目的横向比较，结合自身产品的特征进行取长补短式的服务创新，将能够发掘和掌握更多的市场机会。因此，制造企业需要拓宽思路，加强跨产品细分领域的横向观察，积极开拓服务创新。

5）制造企业的服务化战略存在以产品为中心的服务化战略（SSP 战略）和以客户为中心的服务化战略（SSC 战略）之分，前者是在有形产品的基础上添加一定内容的服务，服务内容与产品具有较高的相关性，后者是企业提供的服务向供应链、市场研发、销售等企业运营能力延伸，企业将挖掘和实现顾客的潜在服务需求作为目标，利用企业自身的运营优势和强大的服务体系加以实现，而服务也不再与自身产品严格绑定。在两种服务化战略的选择上，制造企业需要依据其自身的产品和服务特征来选取适合的服务化战略。通常情况下，企业的服务化过程会从 SSP 战略向 SSC 战略逐步扩充和转变。

制造企业的服务化战略在 IT 能力对组织学习和服务创新绩效的影响关系中发挥着调节作用。考虑到服务创新的绩效是制造企业服务化转型的重要目标，企业 IT 能力的塑造、组织学习效果的实现最终都影响到服务创新绩效，从这个角度来讲，制造企业应该积极实现从 SSP 战略向 SSC 战略的转型，积极改变传统的仅仅依靠卖产品的业务模式。这是由于制造企业想要在日趋激烈的产品市场竞争中立足，那么就必须与客户尤其是关键客户之间建立信任牢固的关系，而良好的顾企交互和客户服务的实现离不开企业 IT 能力和组织学习。服务化战略的实施就是围绕客户的实际需求不断提高产品和服务质量的过程。经过与客户的长期接触，制造企业会不断明晰客户的潜在服务需求，这将促使制造企业提供广泛而完备的服务，满足客户越来越多的服务需求。在增加客户价值的同时，提高企业的服务创新绩效。

7.3　研究的创新之处

在继承前人研究成果的基础上，本书在以下四个方面进行了深化和拓展：

1）对服务型制造开展研究，一方面借助西安陕鼓动力股份有限公司开展服务型制造的典型案例，结合知识管理，分析服务型制造创新各阶段的基本内容、知识需求和涉及的知识管理内容，创建了服务型制造创新机制；另一方面，借助约束理论模型研究发现：对服务型制造网络资源进行整合能够提升网络整体的运作水平，变革服务型制造网络中协作企业个体的软环境因素运作水平能够优化产品和服务结构。这些研究是对服务型制造理论研究的拓展和进深。

2）对 IT 能力与制造企业服务创新绩效之间的关系进行分析，通过理论分析和中国内地情境下的实证研究，揭示出了 IT 能力影响制造企业服务创新绩效的作用机理。本书的研究表明，制造企业通过强化 IT 基础设施、IT 人力资源和 IT 协同资源，能够促进制造企业在市场绩效、顾客吸引绩效和服务研发绩效上的提升，这一研究对 IT 能力理论、服务创新理论和服务型制造理论起到有益的补充作用。

3）对应用性学习和探索性学习的中介作用进行分析，揭示组织学习的作用机理。研究指出：IT 能力的三个构面除了直接作用于制造企业的服务创新绩效之外，IT 能力还能通过应用性学习进而对企业的服务创新绩效产生影响，但 IT 协同资源对探索性学习的影响以及探索性学习对市场绩效的影响不显著，这明确了组织学习在 IT 能力影响服务创新绩效的机理中发挥着部分中介作用。这一结论加深了我们对 IT 能力与制造企业服务创新绩效之间作用关系的理解，同时也进一步丰富了对特定条件下 IT 能力、组织学习与服务创新绩效之间作用关系的理解。

4）揭示了制造企业的服务化战略在 IT 能力对组织学习和服务创新绩效影响关系中的调节作用。研究明确了 SSP 战略下 IT 能力对组织学习的影响显著大于 SSC 战略下 IT 能力对组织学习的影响；同时，SSC 战略下 IT 能力对服务创新绩效的影响显著大于 SSP 战略下 IT 能力对服务创新绩效的影响。这一结论丰富了人们对 IT 能力与制造企业服务创新绩效以及组织学习之间作用关系的理解，同时在实践上能对制造企业的服务化战略选择和实施提供指引。

7.4 研究局限性及未来研究展望

7.4.1 研究的局限性

尽管本书达到了预期的项目研究目标，并且获取了一些重要的研究结论和管理启示，但是，如同任何其他的研究工作一样，本书也受到一些主、客观条件的局限，对这些局限的分析和总结有利于后续研究的开展。

首先，从研究的目标定位上来看，本书在行业定位上是针对制造企业来开展的，但制造企业所涵盖的范围非常宽泛，产品内容非常丰富，而且各个企业服务型制造的定位差异很大，企业开展服务创新的程度、应用 IT 的程度也存在很大差异，对这些制造企业的 IT 能力、服务创新绩效和组织学习状况的调查有可能会产生偏差，本书中得出的 IT 协同资源和探索性学习的相关性甚小的结论也许就是这一原因产生的结果。

　　其次，本书中实证数据的采集是通过问卷调查的方式来获取的，调查问卷的填写本应该只由那些了解企业 IT 能力、服务创新绩效和组织学习状况的管理者来进行填写，但由于问卷数量众多，分布的地域范围广泛，回收的调研问卷数据中是否存在信息代理问题则不太好确定。

　　最后，由于针对制造企业的服务创新绩效进行研究的文献很少，而研究者的水平有限，可能会存在难以发现的问题，需要读者的评鉴。

7.4.2　未来研究展望

　　在研究的广度方面有待扩展。基于上述研究的局限性，本书构建的 IT 能力-制造企业服务创新绩效的理论模型还需要细分制造企业行业，在更多样本、更多类型的其他企业集群基础上进一步细化研究，并比较在不同行业中 IT 能力影响服务创新绩效的机理性差异。

　　在研究的深度方面有待继续深入。可以借鉴其他研究领域的相关理论，例如扎根理论，采用归纳的方式，对质化数据进行整理，从资料中提升理论，通过对资料的深入分析，对理论框架进一步进行拓展和丰富，挖掘 IT 能力影响制造企业服务创新绩效的其他中介变量和调节变量，对 IT 能力-制造企业服务创新绩效理论进一步进行拓展。

参考文献

彼得·F·德鲁克.1999. 新型组织的出现. 哈佛商业评论. 北京：中国人民大学出版社.

蔡雨阳，黄丽华.2000. 组织学习：影响因子和信息技术的冲击. 中国软科学，1：96-100.

曹明.2007. 企业信息技术能力相关研究. 北京：北京邮电大学博士学位论文.

陈菊红，郭福利.2010. 产品服务化供应链的运作模式研究. 物流科技，12：33-36.

陈宪，黄建锋.2004. 分工、互动与融合：服务业与制造业关系演进的实证研究. 中国软科学，10：65-71.

迟嘉昱，孙翎，童燕军.2012. 企业内外部 IT 能力对绩效的影响机制研究. 管理学，9（1）：108-114.

窦红宾，王正斌.2011. 网络结构对企业成长绩效的影响研究. 南开管理评论，14（3）：15-25.

杜维，司有和，温平川.2010. IT 能力、知识管理战略与绩效：环境的影响. 科研管理，31（1）：9-25.

方润生.2005. 资源和能力的整合：一种新的企业竞争优势形成观. 研究与发展管理，17（6）：21-28.

菲茨西蒙斯.2002. 服务管理：运作、战略和信息技术. 北京：机械工业出版社.

何哲，孙林岩，高杰，等.2009. 服务型制造在大型制造企业的应用实践. 科技进步与对策，26（9）：106-108.

何哲，孙林岩，贺竹馨，等.2008. 服务型制造的兴起及其与传统供应链体系的差异. 软科学，22（4）：77-81.

何哲，孙林岩，朱春燕.2010. 服务型制造的概念、问题和前瞻. 科学学研究，28（1）：53-60.

胡松，蔺雷，吴贵生.2006. 服务创新的驱动力和模式. 研究与发展管理，18（1）：33-39.

胡小兵，黄席樾.2005. 基于蚁群优化算法的 0-1 背包问题求解. 系统工程学报，20（5）：520-523.

黄群慧，霍景东.2015.《中国制造 2025》战略下制造业服务化的发展思路. 中国工业评论，（11）：46-55.

康遥，陈菊红，同世隆，等.2016. 服务化战略与服务绩效——价值共创调节效应. 软科学，30（3）：103-107.

况志军.2006. 基于动态能力视角的 IT 能力与持续竞争优势研究. 科技进步与对策，（10）：115-117.

李刚，余倩.2004. 浅析服务业服务创新. 商业研究，（4）：179-181.

李海涛，李华山，田也壮.2013. 制造服务化对企业绩效的影响机制研究. 哈尔滨工程大学学报，34（7）：1-6.

李怀祖.2004. 管理研究方法论. 西安：西安交通大学出版社.

梁光雁.2010. 现代制造业企业的服务创新研究. 上海：东华大学博士学位论文.

林文进，江志斌，李娜.2009. 服务型制造理论研究综述. 工业工程与管理，14（6）：1-6.

蔺雷，吴贵生.2003. 服务创新. 北京：清华大学出版社.

蔺雷, 吴贵生. 2005. 新服务开发的内容和过程. 研究与发展管理, (2): 14-19.

蔺雷, 吴贵生. 2009. 制造企业服务增强的质量弥补: 基于资源配置视角的实证研究. 管理科学学报, 12 (3): 142-153.

刘丽, 夏远强. 2009. 企业 IT 能力国内外研究综述. 管理学家, (1): 57-67.

刘顺忠. 2009. 组织学习能力对新服务开发绩效的影响机制研究. 科学学研究, 27 (3): 411-417.

鲁若愚, 段小华, 张鸿. 2000. 制造业的服务创新与差别化战略. 四川大学学报 (哲学社会科学版), 6: 16-20.

马艳峰, 王雅林. 2007. 制造企业 IT 能力评价研究. 计算机集成制造系统, 13 (9): 1743-1749.

切斯特·巴纳德. 1997. 经理人员的职能. 北京: 中国社会科学出版社.

曲婉, 穆荣平, 李铭禄. 2012. 基于服务创新的制造企业服务转型影响因素研究. 科研管理, 33 (10): 64-71.

任迎伟, 何杰, 张宁俊. 2007. 信息技术 (IT) 能力与组织结构以及组织效益的关系研究. 当代经济管理, 29 (1): 32-36.

石芝玲, 和金生. 2010. 知识转移发酵的实证研究——以"华为"为例. 软科学, 24 (8): 1-5.

孙林岩, 汪建, 曹德弼. 2003. 精益生产及其在先进制造中的地位和作用. 航空制造技术, (7): 55-57.

孙林岩, 李刚, 何哲. 2007. 21 世纪的先进制造模式——服务型制造. 中国机械工程, 18 (19): 2307-2312.

孙林岩. 2009. 服务型制造理论与实践. 北京: 清华大学出版社.

孙卫忠, 刘丽梅. 2005. 组织学习和知识共享影响因素试析. 科学学与科学技术管理, 26 (7): 135-138.

孙希有. 2010. 服务型社会的来临. 北京: 中国社会科学出版社.

孙晓琳, 王刊良. 2009. 信息技术对组织绩效影响研究的新视角. 中国软科学, (3): 76-83.

汪应洛. 2008. 中国服务型制造的项目管理. 科学中国人, 2: 32-35.

汪应洛. 2010. 推进服务型制造: 优化我国产业结构调整的战略思考. 西安交通大学学报 (社会科学版), 30 (3): 26-31.

王娟茹, 赵嵩正, 杨瑾. 2004. 知识集成条件和模型研究. 预测, (1): 66-70.

王伟. 2005. 组织学习理论研究述评. 郑州大学学报, 38 (1): 68-71.

王永贵, 杨龙. 2002. 顾客价值及其驱动因素剖析. 管理世界, 6: 4-9.

魏明, 仲伟周, 赵海峰. 2005. 组织学习中信息技术的功能. 科学学与科学技术管理, 26 (1): 133-137.

吴明隆. 2009. 结构方程模型: AMOS 的操作与应用. 重庆: 重庆大学出版社.

吴晓波, 胡保亮, 蔡荃. 2006. 运用信息技术能力获取竞争优势的框架与路径研究. 科研管理, 27 (5): 53-58.

吴增源. 2007. IT 能力对企业绩效的影响机制研究. 杭州: 浙江大学博士学位论文.

谢卫红, 单培新, 蒋峦 . 2012. 信息技术能力与企业绩效关系实证研究: 结构柔性的中介效应. 软科学, 26 (3): 91-95.

谢卫红, 王永健, 蒋峦, 等 . 2010. IT 能力与竞争优势关系研究——组织技术中介效应与环境不确定性调节效应 . 科学学与科学技术管理, 31 (12): 122-131.

许庆瑞, 吕飞 . 2003. 服务创新初探 . 科学学与科学技术管理, 3: 34-37.

杨祎 . 2009. 制造业服务创新绩效的测度及应用研究 . 大连: 大连理工大学博士学位论文 .

姚建明, 刘丽文 . 2008. 4PL 模式下供应链资源整合决策的优化模型及算法分析 . 系统工程理论与实践, 28 (5): 20-28.

姚建明, 张秀敏, 刘丽文 . 2006. 基于改进蚂蚁算法的拉动式供应链动态调度分析 . 中国管理科学, 14 (3): 20-26.

姚为群 . 1999. 生产性服务–服务经济形成与服务贸易发展的原动力 . 世界经济研究, (3): 14-18.

殷国鹏, 陈禹 . 2007. 基于资源观的企业 IT 能力理论及实证研究 . 南开管理评论, 10 (1): 26-31.

曾庆丰 . 2005. 企业电子商务转型研究 . 上海: 复旦大学博士学位论文 .

张鹤达, 毕新华 . 2008. 中国制造企业 IT 能力与绩效关系的实证研究 . 科学学与科学技术管理 . 11: 135-138.

张若勇, 刘新梅, 等 . 2010. 客户–企业交互对服务创新的影响基于组织学习的视角 . 管理学报, 7 (2): 218-224.

张嵩, 黄立平 . 2003. 基于资源观的企业信息技术能力分析 . 同济大学学报, 14 (4): 52-56.

张文红, 张骁, 翁智明 . 2010. 制造企业如何获得服务创新的知识——服务中介机构的作用 . 管理世界, 22 (10): 122-134.

张雅琪, 陈菊红, 王欢 . 2011. IT 能力、信息共享与供应链整合的关系研究 . 科技管理研究, 31 (22): 180-184.

张雅琪 . 2014. 制造企业服务化战略与组织结构的一致性及其对绩效的影响 . 西安: 西安理工大学博士学位论文 .

赵益维, 陈菊红, 王命宇, 等 . 2013. 制造业企业服务创新——动因、过程和绩效研究综述 . 中国科技论坛, 1 (2): 78-81.

郑大庆, 黄丽华, 张嵩 . 2006. 信息系统能力与企业竞争优势研究——基于动态能力理论视角 . 软科学, 20 (5): 113-117.

钟昌标, 李秉强 . 2002. 供应链管理与客户效用化分析 . 数量经济技术经济研究, 19 (6): 84-87.

周晓, 何明升 . 2007. 组织学习与组织创新 . 企业管理, (12): 91-92.

周艳春 . 2010. 制造企业服务化战备实施及其对绩效的影响研究 . 西北大学博士学位论文 .

朱廷柏 . 2006. 企业联盟内的组织间学习研究 . 济南: 山东大学博士学位论文 .

诸雪峰, 贺远琼, 田志龙 . 2011. 制造企业向服务商转型的服务延伸过程与核心能力构建 . 管理学报, 8 (3): 356-364.

Akan M, Ata B, Lariviere M. 2011. Asymmetric information and economies of scale in service contracting. Manufacturing and Service Operations Management, 13 (1): 58-72.

Alegrea J, Chiva R. 2008. Assessing the impact of organizational learning capability on product innovation performance: an empirical test. Technovation, 28 (6): 315-326.

Antioco M, Moenaert R, Lindgreen A. 2008. Organizational antecedents to and consequences of service business orientation in manufacturing companies. Journal of the Academy of Marketing Science, 36: 337-358.

Argyris C, Schon D. 1978. Organizational learning: a theory of action perspective. Reading MA: Addision-Wesley.

Ark B V, Broersma L, Hertog P D. 2003. Services innovation, performance and policy: a review. Proceeding of the National Academy of Sciences of the united states of American, 88 (16): 6956-6960.

Aurich J, Fuchs C, Wagenknechy C. 2006. Life cycle oriented design of technical product service-systems. Journal of Cleaner Production, 14 (17): 1480-1494.

Aurich J C, Mannweiler C, Schweitzer E. 2010. How to design and offer services successfully. CIRP Journal of Manufacturing Science and Technology, 2 (3): 136-143.

Baines T S, Lightfoot H, Benedettini O. 2010. The adoption of servitization strategies by UK-based manufacturers. Proceedings of the IMechE, Part B: Journal of Engineering Manufacture, 224 (5): 815-829.

Barua A, Kriebel H C. 1995. Information technologies and business value: an analytic and empirical investigation. Journal of Information Systems Research, 6 (1): 3-23.

Benzie D. 1997. Information technology capability: is our definition wide of the mark? Proceedings of the IFIP TC3 WG3.1/3.5 joint working conference on Information technology: supporting change through teacher education.

Berger S, Lester R. 1997. Made by Hong Kong. Oxford: Oxford University Press.

Berry L L, Shankar V, Parish J T, et al. 2006. Creating new markets through service innovation. MIT Sloan Management Review, 47 (2): 56-63.

Bharadwaj A S. 2000. A resource-based perspective on information technology capability and firm performance: an empirical investigation. MIS Quarterly, 24 (1): 169-196.

Bharadwaj A S, Sambamurthy V, Zmud R W. 1999. IT capabilities: theoretical perspectives and empirical operationalization. International Conference on Information Systems.

Bilderbeek R, DenHertog P, Marklund G, et al. 1998. Service in novation: knowledge intensive business service as co-producers of innovation. The result of SI4S synthesis papers.

Bitner M J, Brown S W, Meuter M L. 2000. Technology infusion in service encounters. Journal of the Academy of Marketing Science, 28 (1): 38-49.

Blazevic V, Lievens A. 2004. Learning during the new financial service innovation process antecedents and performance effects. Journal of Business Research, 57 (4): 374-391.

Blazevic V, Lievens A. 2008. Managing innovation through customer coproduced knowledge in electronic services: an exploratory study. Journal of the Academy of Marketing Science March,

36 (1): 138-151.

Boehm M, Thomas O. 2013. Looking beyond the rim of one's teacup: a multidisplinary literature review of product-service systems in information systems, business management and engineering & design. Journal of Cleaner Production, 51 (15): 245-260.

Brax S. 2005. A manufacturer becoming service provide-challenges and a paradox. Managing Service Quality, 15 (2): 42-55.

Brentani U D. 2001. Innovative versus incremental new business dervices: different keys for achieving success. Journal of Product Innovation Management, 18 (2): 169-187.

Brown S L, Eisenhardt K M. 1998. Competing on the Edge: Strategy as Structured Chaos. Boston MA: Harvard Business School Press.

Bryson J R. 2009. Service innovation and manufacturing innovation: bundling and blending services and products in hybrid production systems to produce hybrid products. Gallouj F. and Djellal F. The handbook of innovation and service. Cheltenham: Edward Elgar Publishers.

Bygstad B, Lanestedt G. 2009. ICT based service innovation-a challenge for project management. International Journal of Project Management, 27 (3): 234-242.

Cadwallade S, Jarvis C B, Bitner M J. 2010. Frontline employee motivation to participate in service innovation implementation. Journal of the Academy of Marketing Scienc, 38: 219-239.

Cagliano R, Acur N, Boer H. 2005. Patterns of change in manufacturing strategy configurations, International Journal of Operations and Productions Management, 25 (7): 1-18.

Calantone R J, Cavusgil S T, Zhao Y. 2002. Learning orientation, firm innovation capability, and firm performance. Industrial Marketing Management, 31 (6): 515-524.

Chadee D D, Mattsson J. 1998. Do service and merchandise exporters behave and perform differently: a New Zealand investigation. European Journal of Marketing, 32 (9/10): 830-842.

Chae B K. 2014. A complexity theory approach to IT-enabled services (IES) and service innovation: business analytics as an illustration of IES. Decision Support Systems, 57 (3): 1-10.

Chen J S, Tsou H T, Ching R K H. 2011. Co-production and its effects on service innovation, Industrial Marketing Management, 40 (8): 1331-1346.

Chen J S, Tsou H T, Huang A Y H. 2009. Service delivery innovation. Journal of Service Research, 12 (1), 36-55.

Chen J S, Tsou H T. 2012. Performance effects of IT capability, service process innovation, and the mediating role of customer service. Journal of Engineering and Technology Management, 29: 71-94.

Chesbrough H. 2011. Open services innovation: rethinking your business to compete and grow in a new era. European Innovation Conference. San Francisco: Jossey-Bass.

Cohen M A, Whang S. 1997. Competing in product and service: a product life-cycle model. Management Science, 43 (4): 535-545.

Cohen W M, Levinthal D A. 1990. Absorptive capacity: a new perspective on learning and innovation. Administrative Science Quarterly, 35 (3): 28-52.

Cook M, Gottberg A, Angus A, et al. 2012. Receptivity to the production of product service systems in the UK construction and manufacturing sectors: a comparative analysis. Journal of Cleaner Production, (32): 61-70.

Cook M B, Bhamra T A, Lemon M. 2006. The transfer and application of Product Service Systems: from academia to UK manufacturing firms. Journal of Cleaner Production, 14 (17): 1455-1465.

Cooper R G, Kleinschmidt E J. 2007. Winning businesses in product development: the critical success factors. Research-Technology Management, 50 (3): 52-66

Cooper R G, Kleinschmidt E J. 2000. New product performance: what distinguishes the star products. Australian Journal of Management, 25 (1): 17-45.

Cordero R. 1990. The measurement of innovation performance in the firm: an overview. Research Policy, 19 (2): 185-192.

Dai Z, Duserick F. 2008. An empirical study of learning- enabled innovation. Competition Forum, 6 (2): 45-49.

Dale S M, Muhanna W A. 2009. IT capabilities and firm performance: a contingency analysis of the role of industry and IT capability type. Information & Management, 46 (3): 181-189.

Davidsson N, Edvardsson B, Gustafsson A. 2009. Degree of service-orientation in the pulp and paper industry. International Journal of Services Technology and Management, 11 (1): 24-41.

Den H P. 2000. Knowledge- intensive business services as co- producers of innovation. International Journal of Innovation Management, 4 (4): 491-528.

Dodgson M. 1993. Organizational learning: a review of some literatures. Organization Studies, 14 (3): 375-394.

Fang E, Palmatier R, Steenkamp J B. 2008. Effect of service transition strategies on firm value. Journal of Marketing, 72: 1-14.

Feeny D F, Willcocks L P. 1998. Redesigng the IS function around core capabilities. Long Range Planning, 31 (3): 354-367.

Furrer O F G. 2010. A customer relationship typology of product services strategies//Gallouj F, Djellal F. Handbook of Innovation and Services. Cheltenham: Edward Elgar Publishers.

Gadrey J, Gallouj F, Weinstein O. 1995. New modes of innovation: how services benefit industry. International Journal of Service Industry Management, 3 (1): 3-17.

Ganesh D B, Varun G. 2005. Types of information technology capabilities and their role in competitive advantage: an empirical study. Journal of Management Information Systems, 22 (2): 253-277.

Garvin D A. 1993. Building learning organizations. Harvard Business Review, (4): 78-91.

Gebauer H, Carlos B S, Fleisch E. 2008b. Service strategies in product manufacturing companies. Business Strategy Series, 9 (1): 12-20.

Gebauer H, Regine K, Elgar F, et al. 2008a. Innovation in product- related services. Managing Service Quality, 18 (4): 387-404.

Gebauer H. 2008. Identifying service strategies in product manufacturing companies by exploring environment- strategy configurations. Industrial Marketing Management, 37 (3): 278-291.

Geum Y, Park Y. 2010. Development of technology roadmap for product-service systems (TRPSS). Bull Parenter Drug Assoc, (5): 410-414.

Geum Y, Park Y. 2011. Designing the sustainable product-service integration: a product-service blueprint approach. Journal of Cleaner Production, 19 (14): 1601-1614.

Glaser B G, Strauss A. 1967. The discovery of grounded theory: Strategies for qualitative research. New York: Aldine de Gruyter.

Gnyawali D R, Stewart A C. 2003. A contingency perspective on organizational learning: integrating environmental context, organizational learning processes, and types of learning. Management Learning, 34 (1): 63-90.

Goedkoop M J, van Halen C J, te Riele H R, et al. 1999. Product Service systems, Ecological and Economic Basics. Dutch ministries of Environment (VROM) and Economic Affairs (EZ).

Grant R M. 1991. The resource-based theory of competitive advantage: implications for strategy formulation. California Management Review, 33 (3): 114-135.

Gremyr I, Fberg N L, Witell L. 2010. Service innovations in manufacturing firms. Managing Service Quality, 20 (2): 161-175.

Griffin A, Page A I. 1993. An interim report on measuring product development success and failure. Journal of Product Innovation Management, 10 (4): 291-308.

Grönroos C. 1990. Service management and marketing: managing the moments of truth in service competition. San Francisco: New Lexington Press.

Gustafsson A, Johnson M D. 2003. Competing in a service economy. San Francisco: Jossey-Bass.

Heijden H V D. 2001. Measuring IT core capabilities for electronic commerce. Journal of Information Technology, (16): 13-22.

Helena Y R, Erkko A, Harry J S. 2001. Social capital, knowledge acquisition and knowledge exploitation in young technology-based firms. Strategic Management Journal, 22 (6-7): 587-613.

Homburg C, Fassnacht M, Guenther C. 2003. The role of soft factors in implementing a service-oriented strategy in industrial marketing companies. Journal of Business-to-Business Marketing, 10 (2): 23-51.

Hsueh J T, Lin N P, Li H C. 2010. The effects of network embeddedness on service innovation performance. The Service Industries Journal, 30 (10): 1723 – 1736.

Huang L T. 2013. The influences of network embeddedness and information technology capability on service innovation performance: evidence from business groups. 台北: 台湾科技大学博士学位论文.

Huber G P. 1991. Organizational Learning: the contributing processes and the literature. Organization Science, (2): 88-115.

Jacob F, Ulaga W. 2008. The transition from product to service in business markets: an agenda for academic inquiry. Industrial Marketing Management, 37 (3): 247-253.

Jammes F, Smit H. 2005. Service-oriented paradigms in industrial automation. Proceeding of the 23rd IASTED International Multi-Conference, Innsbruck: Parallel and Distributed Computing and

Networks, 2 (15-17): 716-723.

Jaw C, Lo J Y, Lin Y H. 2010. The determinants of new service development: service characteristics, market orientation, and actualizing innovation effort. Technovation, 30: 265-277.

Johne A, Storey C. 1998. New service development: a review of the literature and annotated bibliography, European Journal of Marketing, 32: 184-251.

Jones M, Samalionis F. 2008. From small ideas to radical service innovation. Design Management Review, 19 (1): 20-26.

Jong J P J, Bruins A, Dolfsma W, et al. 2003. Innovation in service firms explored: what, how and why? Medizinische Klinik, (1): 21.

Jr C R M, Horne D A. 1992. Restructuring towards a service orientation: the strategic challenges. International Journal of Service Industry Management, 3 (1): 25-38.

Kambil A, Friesen G B, Sundaram A. 1999. Co-creation: a new source of value. Outlook, 2: 38-43.

Kapasuwan S, Mccullough J. 2008. Effects of organizational learning on firm performance in thailand and the U. S. Taipei: The 6th AAOM conference on The New Faces of Asia Management.

Kastalli I V, Looyc B V. 2013. Servitization: disentangling the impact of service business model innovation on manufacturing from performance. Journal of Operations Management, 31: 169-80.

Keen P G W. 1993. Information technology and the management difference: a fusion map. IBM Systems Journal, 32 (1): 17-39.

Kelly D, Storey C. 2000. New service development: initiation strategy. International Journal of Service Industry Management, 11 (1): 45-62.

Kettinger W, Gover V, Guha S. 1994. Strategic information systems revisited: a study in sustainability and performance. MIS Quarterly, 18 (1): 31-58.

King W R. 2002. IT capabilities, business proeesses, and impact on the bottom line. Information Systems Management, 19 (2): 85-87.

Kowalkowski C, Brehmer P O, Kindstrom D. 2009. Managing industrial service offerings: requirements on content and processes. International Journal of Services Technology and Management, 11 (1): 42-63.

Laperche B, Picard F. 2013. Environmental constraints, product-service systems development and impacts on innovation management: learning from manufacturing firms in the French context. Journal of Cleaner Production, 53: 118-128.

Levinthal D A, March J G. 1993. The myopia of learning. Strategic Management Journal, (14): 95-112.

Li Y, Zhou W A, Song J D. 2005. The service utility model in service management. The Journal of China Universities of Posts and Telecommunications, 12 (4): 21-25.

Lievens A, Moenaert R K. 2000. New service teams as information processing systems: reducing innovative uncertainty. Journal of Service Research, 3: 46-65.

Lusch R F, Vargo S L. 2006. The service-dominant logic of marketing: Dialog, debate and directions. New York：Routledge.

Mabey C, Salaman G. 1995. Strategic Human Resources Management. Beardwell, 13 (2)：59-71.

Manzini E, Vezolli C. 2003. A strategic design approach to develop sustainable product service systems：examples taken from the "environmentally friendly innovation" Italian prize. Journal of Cleaner Product, 11：851-857.

Manzini E, Vezzoli C, Clark G. 2001. Product service-systems：using an existing concept as a new approach to sustainability. Journal of Design Research, 1 (2)：13-25.

Marceau J, Martinez C. 2002. Selling solutions：product-service packages as links between new and old economics. The druid summer conference on "industrial dynamics of the new and old economy-who is embracing whom？". Copenhagen：Elsinore.

March J G. 1991. Exploration and exploitation in organizational learning. Organization Science, 2 (1)：71-87.

Mathieu V. 2001. Product services：from a service supporting the product to a service supporting the client, Journal of Business & Industrial Marketing, 16 (1)：39-58.

Matthyssens P, Vandenbempt K. 1998. Creating competition advantage in industrial services. Journal of Business & Industrial Marketing, 13：339-355.

Maykut P, Morehouse R. 1994. Beginning qualitative research：a philosophic and practical guide. London：Falmer Press.

Melville N, Kraemer K, Gurbaxani V. 2004. Review：information technology and organizational performance：an integrative model of IT business value. MIS Quarterly, 28 (2)：283-322.

Molly S, Schwenk C R. 1995. The effects of information technology on strategic decision making. Journal of Management Studies, 32 (3)：283-311.

Mukhopadhyay T, Kekre S. 2002. Strategic and operational benefits of electronic integration in B2B procurement processes. Management Science, 48 (10)：1301-1313.

Mullen R J, Monekosso D, Barman S, et al. 2009. A review of ant algorithms. Expert Systems with Applications, 36：9608-9617.

Mulligan P. 2002. Specification of a capability-based IT classification framework. Information & Management, 39 (8)：647-658.

Neu W A, Brown S W. 2008. Manufacturers forming successful complex business services：designing an organization to fit the market. International Journal of Service Industry Management, 19 (2)：32-51.

Nevo S, Wade M R, Cook W D. 2007. An examination of the trade-off between internal and external IT capabilities. The Journal of Strategic Information System, 16 (1)：5-23.

Nishino N, Wanga S, Tsuji N, et al. 2013. Five models of platform-type product service systems in manufacturing. Procedia Cirp, 7 (12)：389-394.

Nonaka I, Takeuchi H. 1995. The knowledge-creating company：how Japanese companies create the dynamics of innovation. New York：Oxford University Press.

Nonaka I, Takeuchi H. 1995. The knowledge creating company. New York：Oxford University Press.

Oliva R, Kall E R. 2003. Managing the transition from product s to services. International Journal of Service Industry Management, 14 (2): 160-172.

Ostrom A, Bitner M J, Brown S, et al. 2010. Moving forward and making a difference: research priorities for the science of service. Journal of Service Research, 13 (4): 4-36.

Ozyilmaz A. 2001. Service innovation audit and the role of information technology in service innovation. New York: Rensselaer Poly technic Institute.

Pappas N, Sheehan P. 1998. The new manufacturing: linkages between struction and services activities, working for the future: technology and employment in the global knowledge economy. Melbourne: Victoria University Press.

Paton R A, Vitae A, Mclaughlin S. 2008. Services innovation: knowledge transfer and the supply chain. European Management Journal, 26 (2): 77-83.

Paulson L D. 2006. Service science: a new field for today's economy. Computer, 39 (8): 18-21.

Penttinen E, Palmer J. 2007. Improving firm positioning through enhanced offerings and buyer-seller relationship. Industrial Marketing Management, 36 (5): 52-64.

Peppard J W, Lambert R, Edwards C E. 2000. Whose Job is it anyway?: organizational information competencies for value creation. Information Systems Journal, 10 (4): 291-322.

Pilat D, Wolfl A. 2005. Measuring the interaction between manufacturing and services. Bethesda, MD: Lexis Nexis.

Powell T C, Dent-Micallef A. 1997. Information technology as competitive advantage: the role of human, business and technology resources. Strategic Management Journal, 18 (5): 375-405.

Prahalad C K, Ramaswamy V. 2004. Co-creating unique value with customers. Strategy & Leadership, 3 (32): 4-9.

Quinn J B. 1992. Intelligent enterprise: a knowledge and service based paradigm for industry. New York: The Free Press.

Rajeev V. 2011. New approaches to sustainable forest management: a study of service innovation in conserving forestry resources. Journal of Economics and Sustainable Development, 2 (6): 65-80.

Ravichandran T, Lertwongsatien C. 2005. Effect of information system resources and capabilities on firm performance: a resource-based perspective. Journal of Management Information Systems, 21 (4): 237-276.

Ravichandran T, Lertwongsatien C. 2005. Effect of information systems resources and capabilities on firm performance: a resource based perspective. Journal of Management Information Systems, 21 (4): 237-276.

Ray G, Muhanna W A, Barney J B. 2005. Information technology and the performance of the customer service process: a resource-based analysis. MIS Quarterly, 29 (4): 625-651.

Ross J W, Beath C M, Goodhue D L. 1996. Develop long-term competitiveness through IT assets. Sloan Management Review, 38 (1): 31-42.

Roy R. 2000. Sustainable product-service systems. Futures, 32 (3-4): 289-299.

Ryu HS, Lee J N. 2013. Effect of IT capability on the alignment between business and service innovation strategies. Jeju Island: The Pacific Asia Conference on Information Systems.

Sabyasachi M. 2005. Information technology as an enabler of growth in firms: an empirical assessment. Journal of Management Information Systems, 22 (2): 279-300.

Sakata I, Sasaki H, Akiyama M, et al, 2013. Bibliometric analysis of service innovation research: identifying knowledge domain and global network of knowledge. Technological Forecasting & Social Change, (80): 1085-1093.

Santhanam R, Hartono E. 2003. Issues in linking information technology capability to firm performance. MIS Quarterly, 27 (1): 125-153.

Senge PM. 第五项修炼-学习型组织的艺术与实务. 上海: 上海三联出版社.

Spohrer J, Maglio P. 2008. The emergence of service science: toward systematic service innovations to accelerate co-creation of value. Production and Operations Management, 17 (3): 238-246.

Statar. 1989. Organizational Learning: the key to management innovation. Sloan Management Review, 30 (3): 63-74.

Stathel S, Finzen J, Riedl C, et al. 2008. Service innovation in business value networks. Stuttgart: The German Federal Ministry of Economy and Technology under the promotional reference.

Storey C, Kelly D. 2001. Measuring the performance of new service development activities. The Service Industries Journal, 21 (2): 71-90.

Stremersch S, Tellis J T. 2002. Strategic bundling of products and prices: a new synthesis for marketing, Journal of Marketing, 66 (1): 55-72.

Swanson E, Ramiller N. 2004. Innovating mindfully with information technology. MIS Quarterly, 28 (4), 553-583.

Syson F, Perks H. 2004. New service development: a network perspective. Journal of Services Marketing, 18 (4): 255-266.

Thorsell J. 2007. Innovation in learning: how the danish leadership institute developed 2200 managers from fujitsu services from 13 different countries. Management Decision, 45 (10): 1667-1676.

Tippins M J, Sohi R S. 2003. IT competency and firm performance: is organizational learning a missing link. Strategic Management Journal, (24): 745-761.

Vargo S, Lusch R. 2004. Evolving to a new dominant logic for marketing. Journal of Marketing, 68: 1-17.

Verma R, Anderson C, Dixon M, et al. 2008. Key elements in service innovation: insights for the hospitality industry, Cornell Hospitality Roundtable Proceedings. New York: Cornell University.

Verma R. 2008. Predicting customer choice in services using discrete choice analysis. IBM Systems Journal, 47 (1): 179-191.

Voss C A, 1992. Measurement of innovation and design performanace in services. Design Management Journal, 3 (1): 40-46

Voss G B. Voss Z G. 2000. Strategic orientation and firm performance in an artistic environment. Journal of Marketing, 64 (1): 67-83.

Wade M, Hulland J. 2004. Review: the resources-based view and information systems research review, extension, and suggestions for future research. MIS Quarterly, 28 (1): 107-142.

White A L, Stoughton M, Feng L. 1999. Servicizing: the quiet transition to extend product responsibility. Boston: Tellus Institute.

Wietze V D A, Tom E. 2002. Realising innovation in service. Scandinavian Journal of Management, 18 (2): 155-171.

Wilson G. 1950. Social Science Research Methods. New York: Appleton-Century-Crofts, Inc.

Windahl C, Lakemond N. 2010. Integrated solutions from a service- centered perspective: applicability and limitations in the capital goods industry. Industrial Marketing Management, 39 (8): 1278-1290.

Wise R, Baumgartner P. 1999. Go downstream- the new profit imperative in manufacturing. Harvard Business Review, 77 (5): 133-141.

Woodman R W, Sawyer J E, Griffin R W. 1993. Toward a theory of organizational creativity. Academy of Management Review, 18 (2) : 293-321.

Wu M J, Lin Y F, Liu F M, et al. 2010. Overcoming service innovation bottlenecks using Web 2. 0, Expert Systems with Applications, 37: 7373-7379.

Yao C L, Ping H T, Ha N H. 2011. The impacts of information technology enabled services on service innovations: a case study in a publishing company. Jeju Island: 2011 IEEE Asia -Pacific Services Computing Conference.

Yin R K. 2004. The case study anthology. London: Sage Publictions.

Zahra S A, George G. 2002. Absorptive capacity: a review, reconceptualization, and extension. Academy of management review, 27 (2): 185-203.

Zhang Y, Li H. 2010. Innovation search of new vetures in a technology cluster: the role of ties with service intermediaries. Strategic Management Journal, 31 (1): 88-109.

附录1 IT能力影响制造企业服务创新绩效的调查问卷

尊敬的女士/先生：

您好！首先非常感谢您在百忙中为我们的课题研究提供宝贵的一手资料！这是一份针对制造企业中IT能力、组织学习与制造企业服务创新绩效之间关系的调查问卷，您所提供的资料对于本研究相当重要。

我们课题研究的结论将直接依赖于各位提供给我们的数据及相关信息的客观性与准确性！衷心希望您能够根据贵公司目前情况予以填写，并请您不要遗漏任何一题，以保持这份问卷的完整性，使本问卷能充分反映贵公司的真实情况。本问卷纯属学术研究目的，统计数据将以整体报告的形式反映，而个体数据则不会在研究结果中反映出来，我们郑重承诺将会对所有参与调研公司的数据保密，请您放心！如果您需要研究结果，请您留下E-mail，我们承诺将会以电子版本的形式呈送我们的研究结果，以供您在企业的实际经营管理中进行参考。

请您在备选答案中，找出最符合贵企业情况的答案，并在相应的答案中打钩。如果您对调查问卷中需要回答的内容了解不是很清楚，请邀请贵公司内部的其他相关人员协助填写。

再次感谢您的大力协助！

顺祝
    商祺

西安理工大学经济与管理学院 西安财经学院
"IT能力对制造企业服务创新绩效的影响"研究团队
敬上

第一部分　企 业 概 括

1.1 公司名称：_____

1.2 贵公司的所有制类别是：

A. 国有企业　　　　　　B. 三资企业　　　　　　C. 合伙企业

D. 有限责任公司　　　　E. 有限股份公司　　　　F. 个人企业

1.3 贵公司的员工人数是：

A. 50 人以下　　　　　　B. 50 ~ 100 人　　　　　C. 100 ~ 300 人

D. 300 ~ 1000 人　　　　E. 1000 ~ 2000 人　　　　F. 2000 ~ 5000 人

G. 5000 人以上

1.4 您的年龄：

A. 20 ~ 25 岁　　　　　　B. 26 ~ 30 岁　　　　　　C. 31 ~ 35 岁

D. 36 ~ 40 岁　　　　　　E. 41 ~ 45 岁　　　　　　F. 46 ~ 50 岁

G. 51 ~ 60 岁

1.5 贵公司设立的时间：

A. 5 年以下　　　　　　B. 5 ~ 10 年　　　　　　C. 10 ~ 15 年

D. 15 ~ 20 年　　　　　E. 20 年以上

1.6 贵公司的资产总额是：

A. 500 万元以下　　　　　　　B. 500 万 ~ 1000 万元

C. 1000 万 ~ 5000 万元　　　　D. 5000 万 ~ 1 亿元

E. 1 亿 ~ 4 亿元　　　　　　　F. 4 亿 ~ 10 亿元

G. 10 亿元以上

1.7 贵公司主导业务所在的制造业分类是：

A. 装备制造业　　　　　B. 汽车制造业　　　　　C. 纺织或服装制造业

D. 食品、饮料、茶或烟草制造业　　E. 家具或文具制造业

F. 金属或矿物制品加工业　　　　G. 橡胶、塑料、化纤制造业

H. 医药制造业　　　　　　　　I. 石油或化工制造业

J. 计算机、通信、仪表或电子设备制造业

K. 其他制造业（请注明）_____

1.8 贵公司上一年度的销售总额是：

A. 500 万元以下　　　　　　　B. 500 万 ~ 1000 万元

C. 1000 万 ~ 5000 万元　　　　D. 5000 万 ~ 1 亿元

E. 1 亿 ~ 3 亿元　　　　　　　F. 3 亿 ~ 10 亿元

G. 10 亿元以上

1.9 贵公司产品在所属行业的市场占有率为：

A. 高   B. 中   C. 低

1.10 您参加工作的年限：

A. 3 年以下   B. 3 ~ 6 年   C. 6 ~ 9 年

D. 9 ~ 12 年   E. 12 ~ 15 年   F. 15 ~ 18 年

G. 18 ~ 21 年   H. 21 ~ 24 年   I. 24 年以上

1.11 您在贵公司的管理层级是：

A. 高层管理者   B. 中层管理者   C. 基层管理者

第二部分   企业 IT 能力状况调查

2.1 以下是对贵公司 IT 基础设施的调查，请在相应的题项后勾选您对相关描述语句的同意程度。

测量题项	非常不同意	基本不同意	一般	基本同意	非常同意
a. 信息技术基础设施加强了公司与上下游厂商的联系	1	2	3	4	5
b. 信息技术应用促进了公司对上下游业务领域的投资	1	2	3	4	5
c. 信息技术基础设施改善了公司的客户关系管理流程	1	2	3	4	5
d. 公司与供应商、客户和合作伙伴间建立了网络信息系统	1	2	3	4	5
e. 信息技术的应用加强了公司不同经营环节的整合	1	2	3	4	5

2.2 以下是对贵公司 IT 人力资源的调查，请在相应的题项后勾选您对相关描述语句的同意程度。

测量题项	非常不同意	基本不同意	一般	基本同意	非常同意
a. 本公司的信息技术人员能够熟练使用信息系统	1	2	3	4	5
b. 本公司员工擅长通过网络渠道收集和分析顾客信息	1	2	3	4	5

续表

测量题项	非常不同意	基本不同意	一般	基本同意	非常同意
c. 本公司的信息技术人员能够根据业务上存在的问题来制定相应的 信息解决方案	1	2	3	4	5
d. 公司的信息技术管理者了解公司的战略	1	2	3	4	5
e. 公司员工可以紧跟信息技术发展的新趋势	1	2	3	4	5
f. 信息技术管理者懂得公司的重要业务流程	1	2	3	4	5

2.3 以下是对贵公司 IT 协同资源的调查，请在相应的题项后勾选您对相关描述语句的同意程度。

测量题项	非常不同意	基本不同意	一般	基本同意	非常同意
a. 信息技术的应用提高了公司预测消费者需求的能力	1	2	3	4	5
b. 信息技术的应用使公司能够更好地判断市场趋势	1	2	3	4	5
c. 信息技术的应用为顾客提供了更好的支持和服务	1	2	3	4	5
d. 公司利用信息技术促进了公司内部各部门的资源与信息共享	1	2	3	4	5
e. 公司利用信息技术整合了顾客信息	1	2	3	4	5
f. 信息技术应用系统的协调运作可满足业务部门和客户需求	1	2	3	4	5

第三部分　企业服务创新绩效状况调查

3.1 以下是对贵公司市场绩效的调查，请在相应的题项后勾选您对相关描述语句的同意程度。

测量题项	非常不同意	基本不同意	一般	基本同意	非常同意
a. 公司的销售增长率比较高	1	2	3	4	5
b. 公司的市场份额不断扩大	1	2	3	4	5
c. 公司的税前平均利润率较高	1	2	3	4	5
d. 公司具有很大的发展潜力	1	2	3	4	5

3.2 以下是对贵公司顾客吸引绩效的调查，请在相应的题项后勾选您对相关描述语句的同意程度。

测量题项	非常不同意	基本不同意	一般	基本同意	非常同意
a. 顾客对本公司提供的产品服务系统非常满意	1	2	3	4	5
b. 顾客表示还会继续购买本公司的产品服务系统	1	2	3	4	5
c. 本公司产品服务系统的质量和性能达到或超过了顾客预期	1	2	3	4	5
d. 公司所采取的服务创新举措吸引着越来越多的顾客	1	2	3	4	5

3.3 以下是对贵公司服务研发绩效的调查，请在相应的题项后勾选您对相关描述语句的同意程度。

测量题项	非常不同意	基本不同意	一般	基本同意	非常同意
a. 本公司对新服务的开发持续不断	1	2	3	4	5
b. 本公司的新服务开发能够按照预期完成	1	2	3	4	5
c. 顾客对本公司产品服务系统的实施与合作非常满意	1	2	3	4	5
d. 公司为顾客提供的新服务越来越多	1	2	3	4	5

第四部分　公司组织学习状况的调查

4.1 以下是对贵公司探索性学习状况的调查，请在相应的题项后勾选您对相关描述语句的同意程度。

测量题项	非常不同意	基本不同意	一般	基本同意	非常同意
a. 本公司获取了全新的制造技术与技能	1	2	3	4	5
b. 本公司学习了行业内全新的产品或服务开发方法与流程	1	2	3	4	5
c. 公司注重于革新管理方法和组织方式以提高创新效率	1	2	3	4	5
d. 公司率先掌握了本行业的新技能	1	2	3	4	5

4.2 以下是对贵公司应用性学习状况的调查，请在相应的题项后勾选您对相关描述语句的同意程度。

测量题项	非常不同意	基本不同意	一般	基本同意	非常同意
a. 公司不断加强与现有产品和服务相关的知识与技能	1	2	3	4	5
b. 公司将资源投入到成熟技术的应用上以提高生产率	1	2	3	4	5
c. 本公司正在逐步改进针对现有客户问题的解决方案	1	2	3	4	5
d. 公司不断加强现有产品和服务的开发流程	1	2	3	4	5
e. 公司采纳新的知识和技能以提高现有创新活动的效率	1	2	3	4	5

（问卷到此结束，衷心感谢您的热心填写！）

附录 2　部分调研企业名录

四川金科环保科技有限公司	雅戈尔集团股份有限公司
扬州海力精密机械制造有限公司	成都南方家俱有限公司
西安通建电信设备有限责任公司	西安万威刀具股份有限公司
西安万胜刀具有限公司	西安西普电力电子有限公司
西安华光信息技术有限责任公司	陕西重型机械制造有限公司
西安七佰实业有限公司	华为技术有限公司
西安陕鼓动力股份有限公司	联想控股有限公司
陕西法士特汽车传动集团有限责任公司	彩虹集团公司
一汽-大众汽车有限公司	陕西北人印刷机械有限责任公司
青岛海尔股份有限公司	陕西正大有限公司
南风化工集团股份有限公司	北方光电股份有限公司
陕西建设机械股份有限公司	浙江福爱电子有限公司
四川红光汽车机电有限公司	北京海光仪器有限公司
重庆长安汽车股份有限公司	北京北重汽轮电机有限责任公司
德阳化学科技有限公司	陕西柴油机重工有限公司
四川省丹丹郫县豆瓣集团股份有限公司	浙江美力科技股份有限公司
重庆宗申机车集团	浙江苏泊尔股份有限公司
重庆机床（集团）有限责任公司	广州德隆电器科技有限公司
重庆机电控股（集团）公司	浙江天成自控股份有限公司
山西焦煤集团有限责任公司	浙江钱江摩托股份有限公司
山西粟海集团有限公司	北京发那科机电有限公司
山西天宝风电法兰有限公司	北京四方继保自动化股份有限公司
大同机车实业公司	苏州仪元科技有限公司
大同 ABB 牵引变压器有限公司	苏州浦力斯模具标准件有限公司
大同爱碧玺铸造有限公司	福建红旗股份有限公司
河北立德电子有限公司	福建永大集团有限公司
神威药业集团有限公司	攀枝花天伦化工有限公司

秦皇岛万祥铝业有限公司	德阳东方机械设备有限公司
扬州锻压机床股份有限公司	湖北祥源新材科技有限公司
扬州亚星客车股份有限公司	湖北玉立砂带集团股份有限公司
南京消防器材股份有限公司	湖北恒硕化工有限公司
南京科远自动化集团股份有限公司	湖北合力专用汽车制造有限公司
徐州市恒源电器有限公司	贵州轮胎股份有限公司
河南天成实业有限公司	贵州航天精工制造有限公司
天海汽车电子集团公司	云南冶金集团股份有限公司
河南济源钢铁（集团）有限公司	云南 CY 集团有限公司
河南电力器材公司	四川和邦股份有限公司
广东联邦家私集团有限公司	天虹纺织集团有限公司